陳橋驛書信選

陈桥驿 著
颜越虎 范今朝 徐建春 周复来选编

方志出版社

图书在版编目（CIP）数据

陈桥驿书信选 / 陈桥驿著 ; 颜越虎等编 .—北京：方志出版社，2023.11

ISBN 978-7-5144-5959-3

Ⅰ. ①陈… Ⅱ. ①陈… ②颜… Ⅲ. ①陈桥驿－书信集 Ⅳ. ① K825.8

中国国家版本馆 CIP 数据核字 (2023) 第 221829 号

责任编辑：丛　珺
责任校对：张玉霞
责任印制：梅中英
出 版 者：方志出版社
地　　址：北京市朝阳区潘家园东里 9 号（国家方志馆 4 层）
邮　　编：100021
网　　址：http://www.zgfzcb.cn
发　　行：方志出版社图书营销中心（010-67110500）
印　　刷：杭州富阳正大彩印有限公司
开　　本：710 毫米 ×1000 毫米　1/16
印　　张：11.5
字　　数：153 千字
版　　次：2023 年 11 月第 1 版
印　　次：2023 年 11 月第 1 次印刷
定　　价：80.00 元

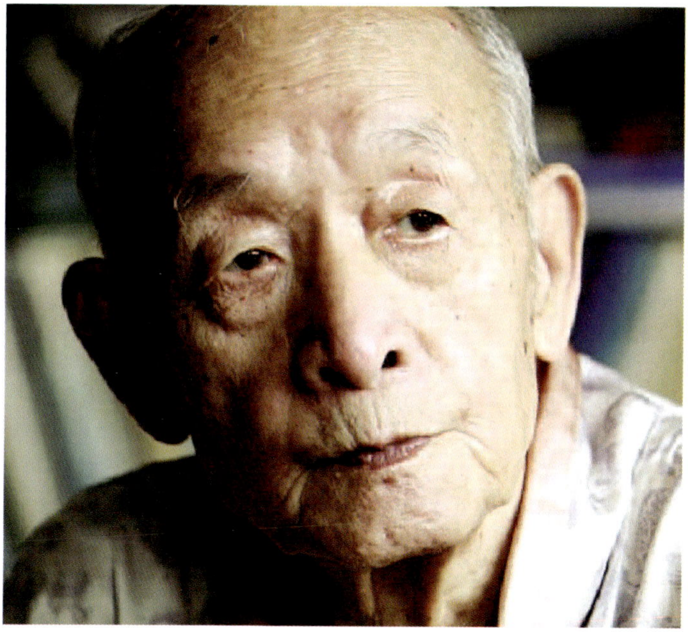

陈桥驿先生（1923—2015 年）

陈桥驿先生书信照片

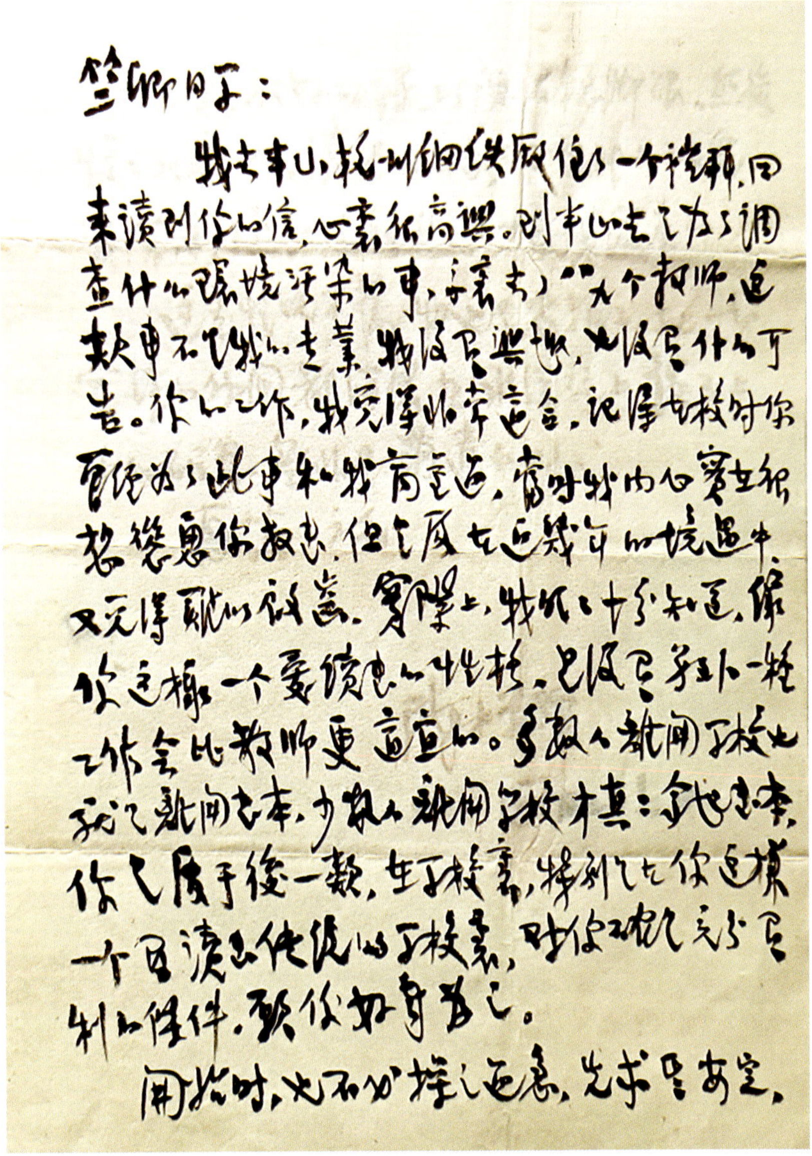

竺卿同学：

我去年的杭州钢铁厂住了一个时期，回来读到你的信，心里很高兴。[illegible]为了调查什么环境污染的事，[illegible]一大个教师，这种事不是我的专业，我没有兴趣，也没有什么可告。你的工作，我觉得非常适合，记得在校时你曾经为了此事和我商量过，当时我的内心实在很想[illegible]你教书，但在原在近几年的境遇中，又觉得难以启齿。实际上，我们十分知道，像你这样一个爱读书的性格，[illegible]工作会比教师更适宜的。[illegible]新闻学校[illegible]新闻事业，[illegible]新闻学校才真[illegible]，[illegible]在学校里，特别[illegible]你这样一个爱读书的学校里，[illegible]条件，[illegible]。

[illegible]

1973 年 4 月 26 日致姜竺卿先生的信（页一）

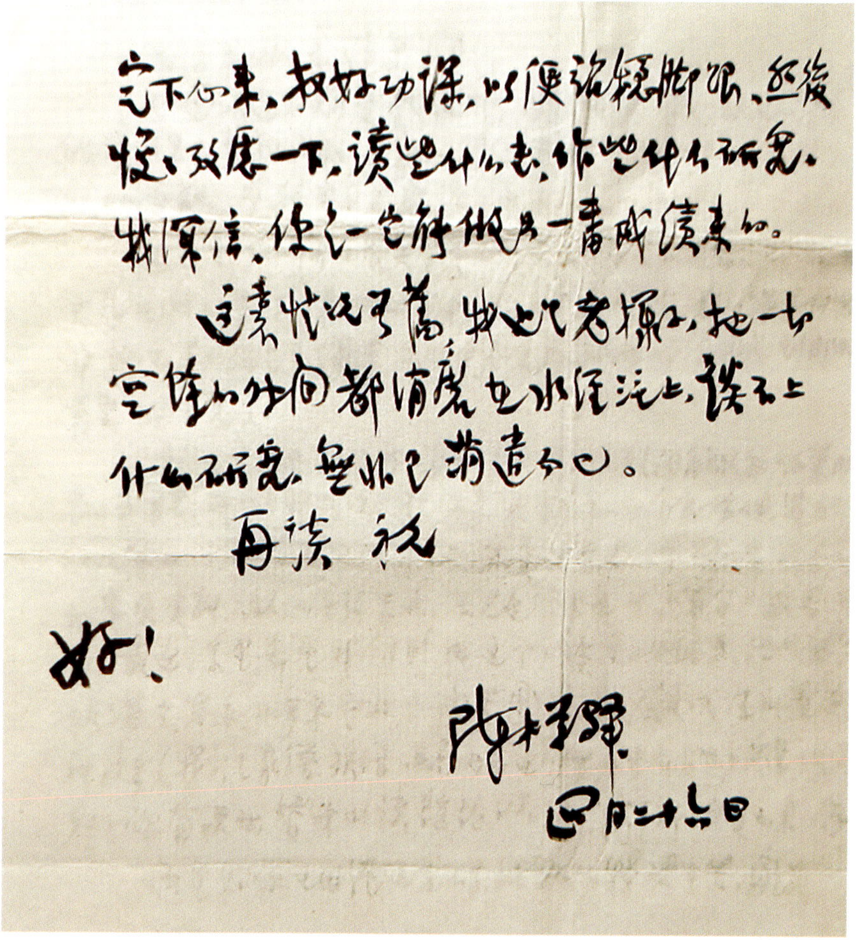
定下心来，教好功课，以便站稳脚跟，然後
慢慢发展一下，读些什么书，作些什么研究，
我深信，你是一定能做出一番成绩来的。
近来情况可笃，我也已老病了，把一切
空余的时间都消磨在水泥地上，谈不上
什么研究，无非是消遣而已。
再谈 祝
好！
陈桥驿
四月二十六日

1973年4月26日致姜竺卿先生的信（页二）

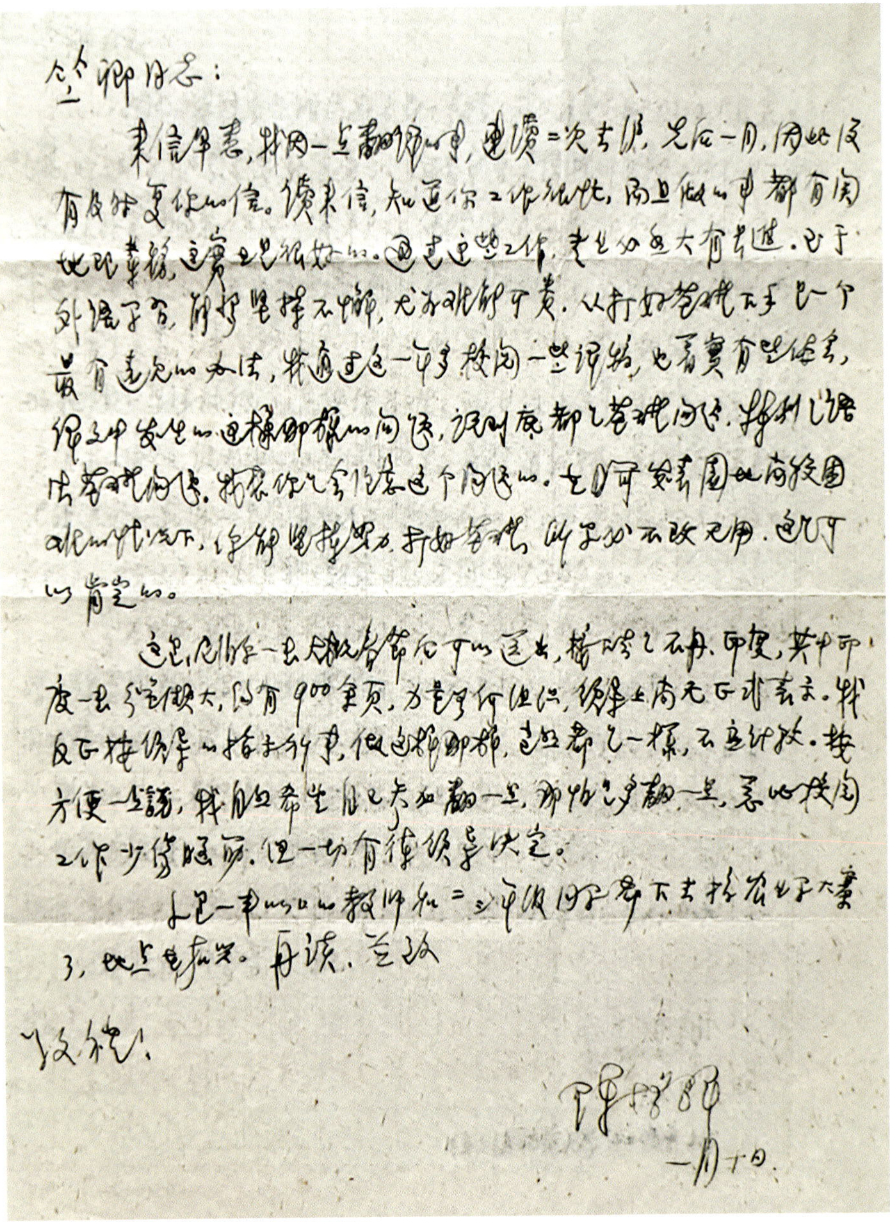
竺卿同志：

来信早悉，我因一些翻译的事，连续二次去京，先后一月，因此没有及时复你的信。读来信，知道你工作很忙，而且做的事都有关地理业务，这实在是很好的。通过这些工作，专业必然大有长进。至于外语学习，能够坚持不懈，尤为难能可贵。从打好基础下手是一个最有意义的办法，我通过这一年多校阅一些译稿，也着实有些体会，译文中发生的这样那样的问题，说到底都是基础问题，特别是语法基础问题。我希望你也会注意这个问题的。在目前资料图书尚较困难的情况下，你能坚持努力打好基础，将来必不致无用，这是可以肯定的。

这里几件一些大概都翻后可以选出，接踵而至是不丹、印度，其中印度一书篇幅较大，约有900余页，为是何作品，组织上尚无正式意见。我反正接受组织上指派的任务，做这样那样，道理都是一样，不应计较。从方便一点说，我自然希望你也参加翻一点，哪怕是少翻一点，至少校阅工作少得很多。但一切有待组织决定。

上星期一本学院的教师和二三年级同学都下去搞农业学大寨了，地点也在花县。再谈，并致

敬礼！

陈桥驿

一月十日

1976年1月10日致姜竺卿先生的信

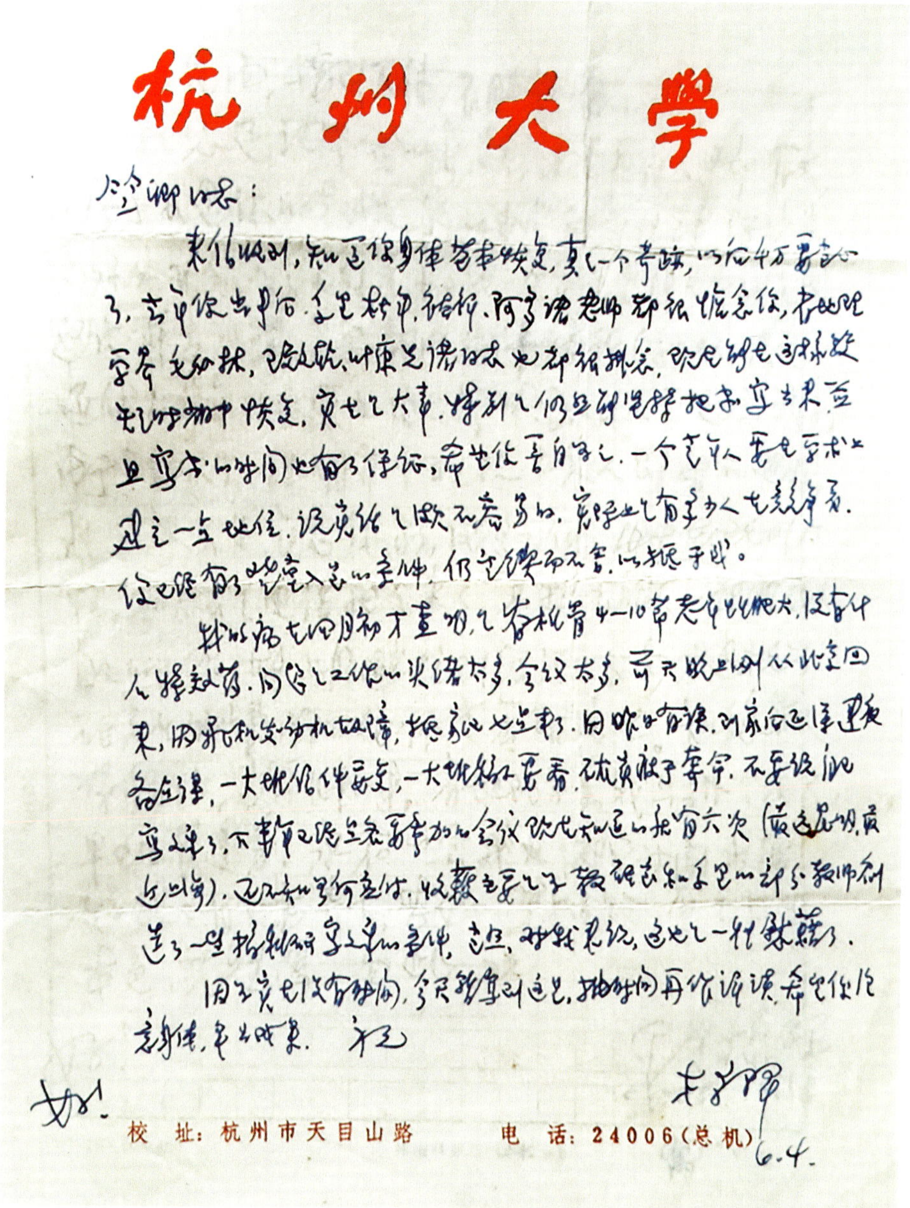
杭州大學

校 址：杭州市天目山路　　电 话：24006（总机）

1981 年 6 月 4 日致姜竺卿先生的信

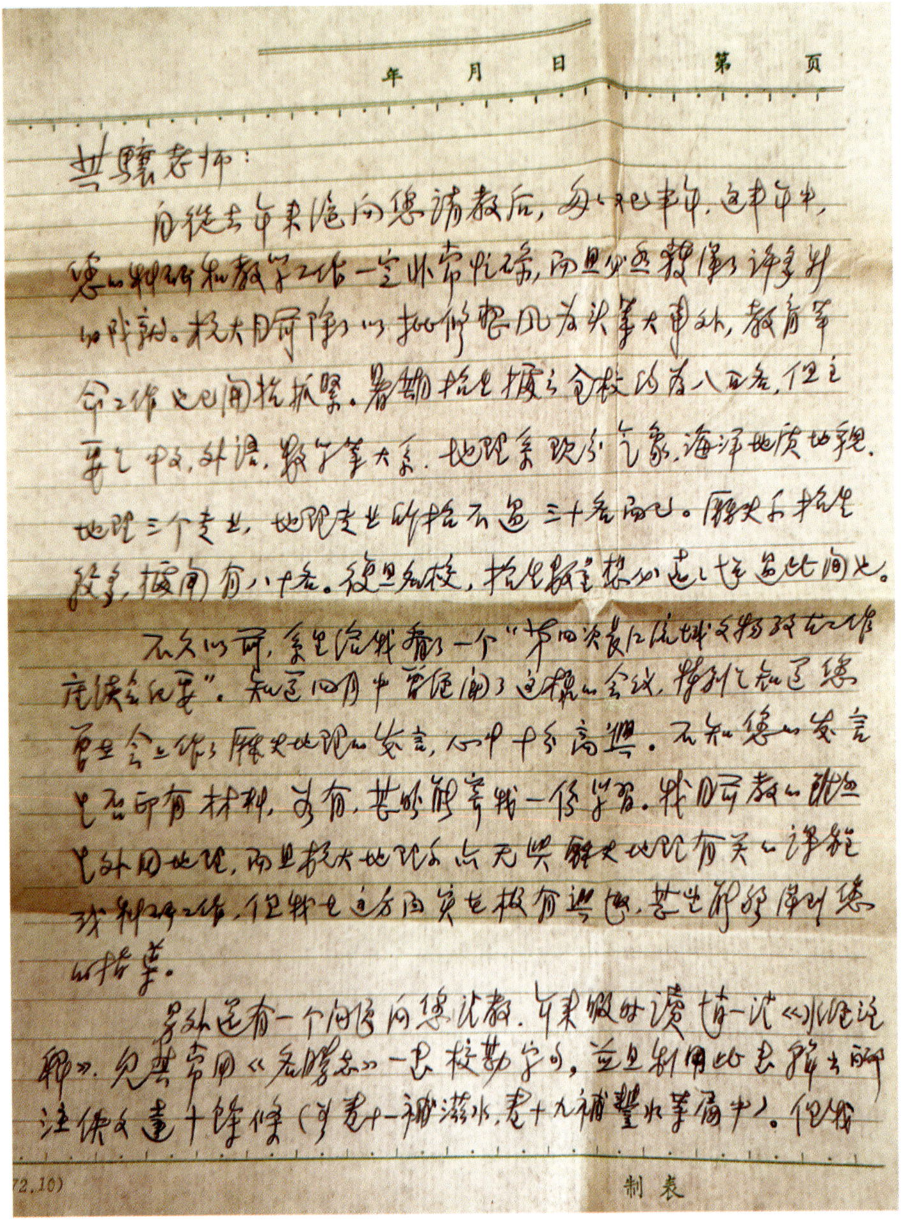
年 月 日 第 页

其骧老师：

自从去年来信向您请教后，匆匆地一年，这一年中，您的科研和教学工作一定非常忙碌，而且必然获得了许多新的成就。杭大同学们以批修整风为头等大事外，教育革命工作也已开始抓紧。暑期招生据说全校约有八百名，但主要是中文、外语、数学等大系。地理系改为气象、海洋地质地貌、地理三个专业，地理专业所招不过三十名而已。历史系招生较多，据闻有八十名。复旦名校，招生数量想必远远超过此间了。

不久以前，系里给我看了一个“第四次长江流域文物考古工作座谈会纪要”，知道四月中曾经开了这样的会议，特别是知道您曾在会上作了历史地理的发言，心中十分高兴。不知您的发言是否印有材料，如有，甚盼能寄我一份学习。我所教的虽然是外国地理，而且杭大地理系亦无与历史地理有关的课程和科研工作，但我在这方面实在极有兴趣，甚望能得到您的指导。

另外还有一个问题向您请教。年来暇时读杨守敬《水经注疏》，见其常用《名胜志》一书校勘字句，并且利用此书辑出郦注佚文达十余条（如卷十一補滋水，卷十九補丰水等篇中）。但我

72.10）　　制表

1973 年 6 月 5 日致谭其骧先生的信（页一）

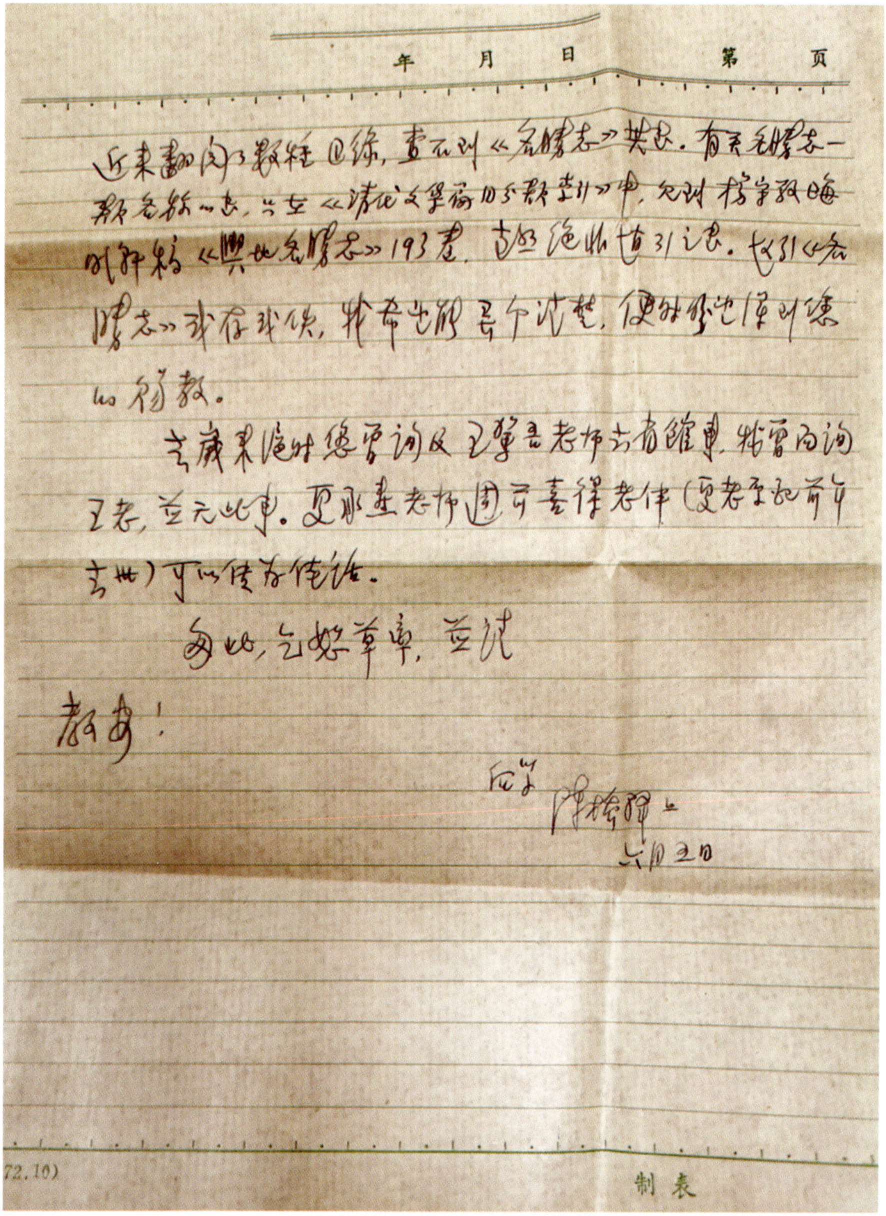
年　月　日　第　页

近来翻阅了数种旧录，查不到《名胜志》其书。有关名胜志一类名称之志，只在《清代文学家的手稿丛刊》中，见到杨守敬晦明轩稿《舆地名胜志》193卷，亦已绝版世间之书。所引《名胜志》或存或佚，我希望能弄个清楚，便好写信向您的请教。

去岁来沪时您曾询及王箨吾老师之有关事，我曾向询王老，并无此事。夏承焘老师因耳疾老伴（夏老去年前年去世）可以代为传话。

专此，乞恕草率，并请

教安！

后学　陈桥驿上

六月五日

72.10)　制表

1973 年 6 月 5 日致谭其骧先生的信(页二)

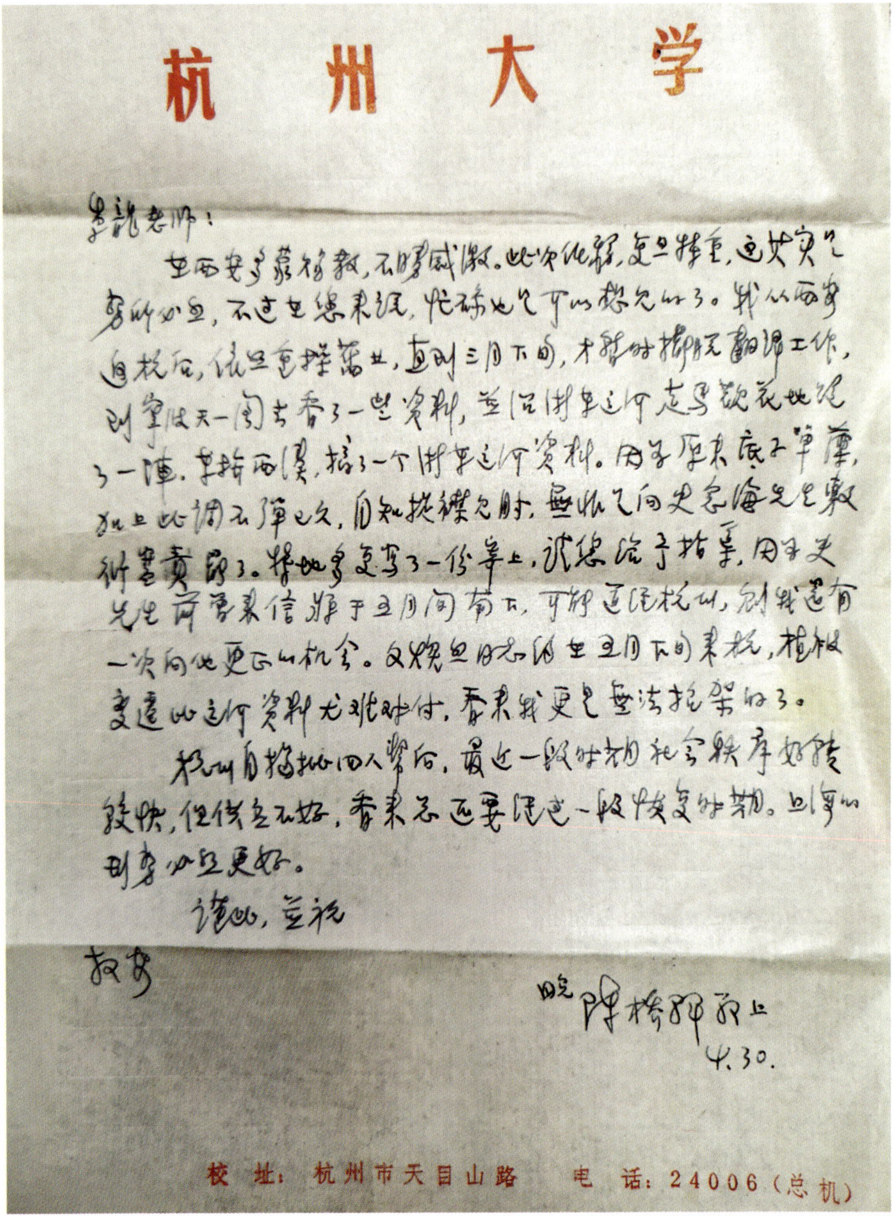

杭州大学

其骧老师：

在西安多蒙指教，不胜感激。此次征程，受益非浅，这其实是实所如愿，不过在您来说，忙碌也是可以想见的了。我从西安回校后，依然重操旧业，直到三月下旬，才能够摆脱翻译工作，到宁波天一阁去看了一些资料，并将浙东运河这篇论文也修了一遍。其后西溪，搞了一个浙东运河资料。因为原来底子单薄，加上此调不弹已久，自知挂漏必多，无非是向史念海先生敷衍塞责罢了。特地另复写了一份奉上，请您给予指正。因为史先生前曾来信谓于五月间南下，可能过经杭州，则我还有一次向他受正的机会。又据[illegible]同志说他于五月下旬来杭，植被变迁比运河资料尤难对付，看来我更是无法招架的了。

杭州自粉碎四人帮后，最近一段时期社会秩序好转较快，但供应不好，看来还要经过一段恢复时期。上海的副食必定更好。

谨此，并祝

教安

晚 陈桥驿 敬上

4.30.

校址：杭州市天目山路　电话：24006（总机）

1977 年 4 月 30 日致谭其骧先生的信

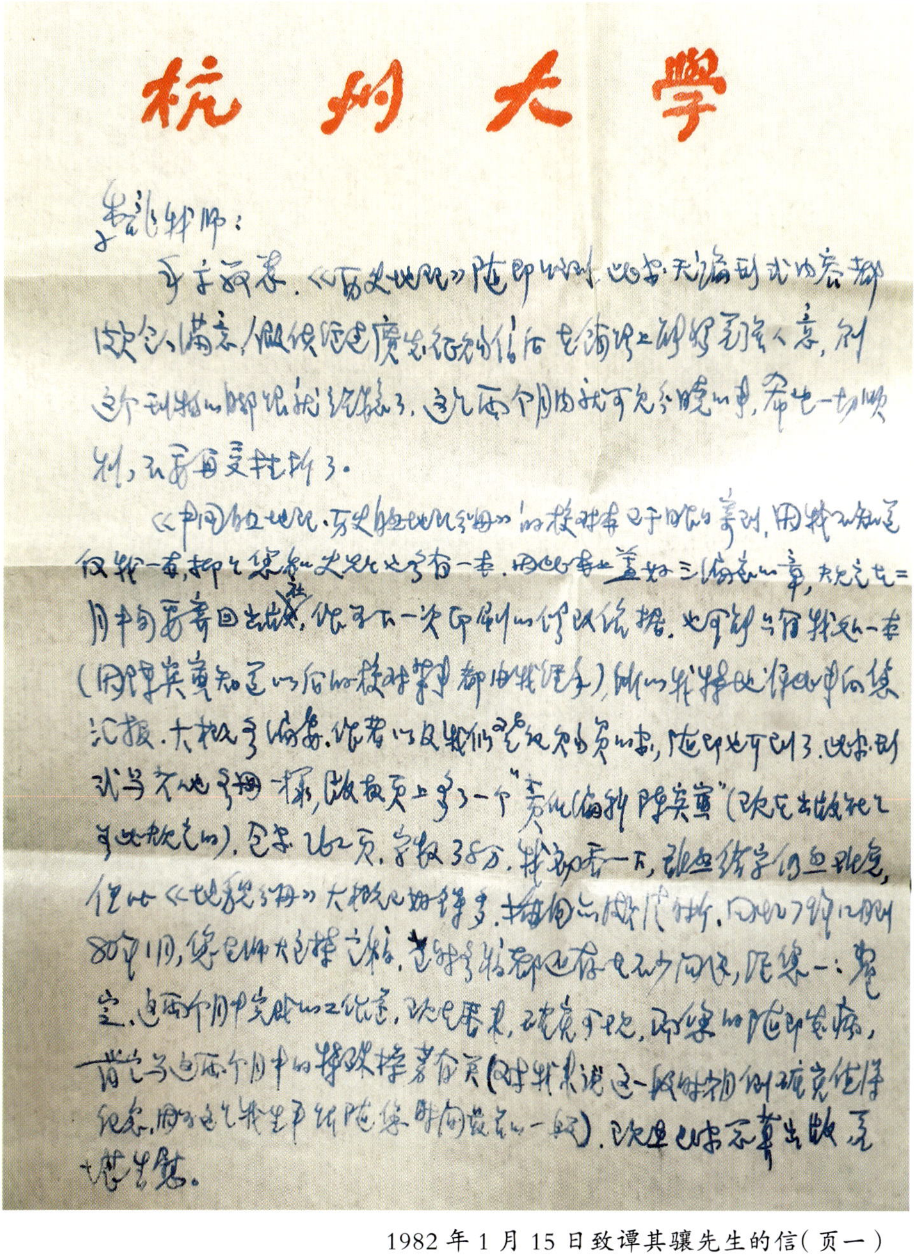
杭州大學

季龙老师：

1982 年 1 月 15 日致谭其骧先生的信（页一）

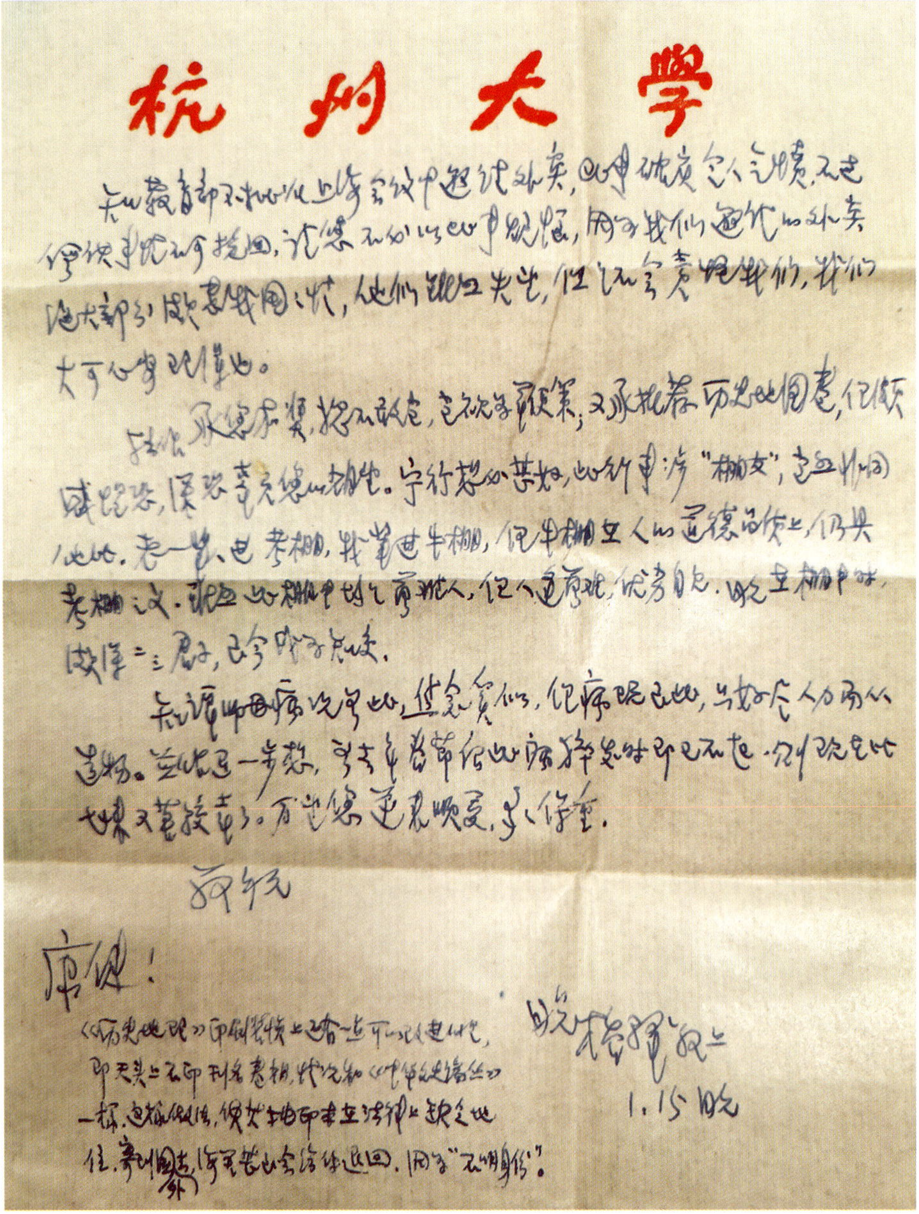
杭州大學

1.15晚

1982 年 1 月 15 日致谭其骧先生的信(页二)

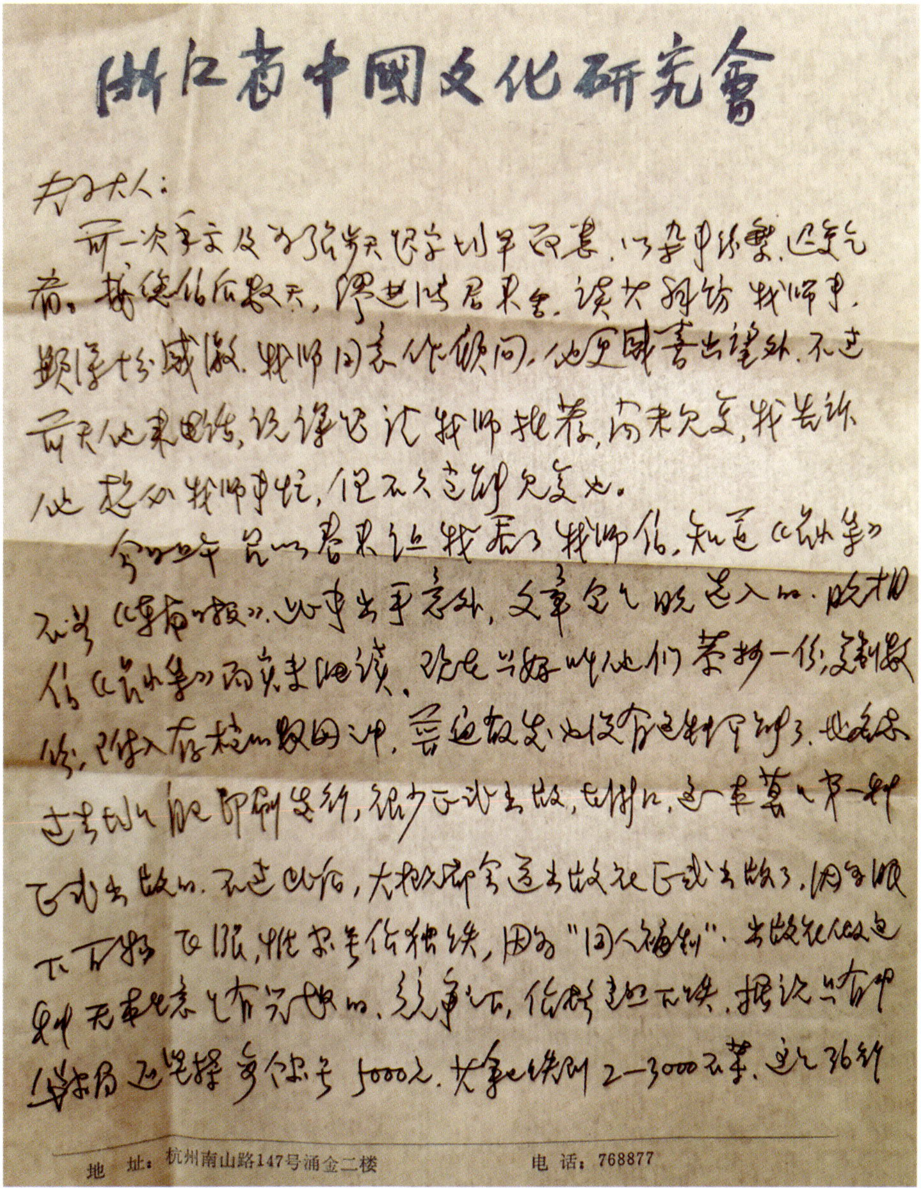

浙江省中國文化研究會

其骧大人：

[illegible]

地　址：杭州南山路147号涌金二楼　　　　电 话：768877

1991 年 6 月 10 日致谭其骧先生的信(页一)

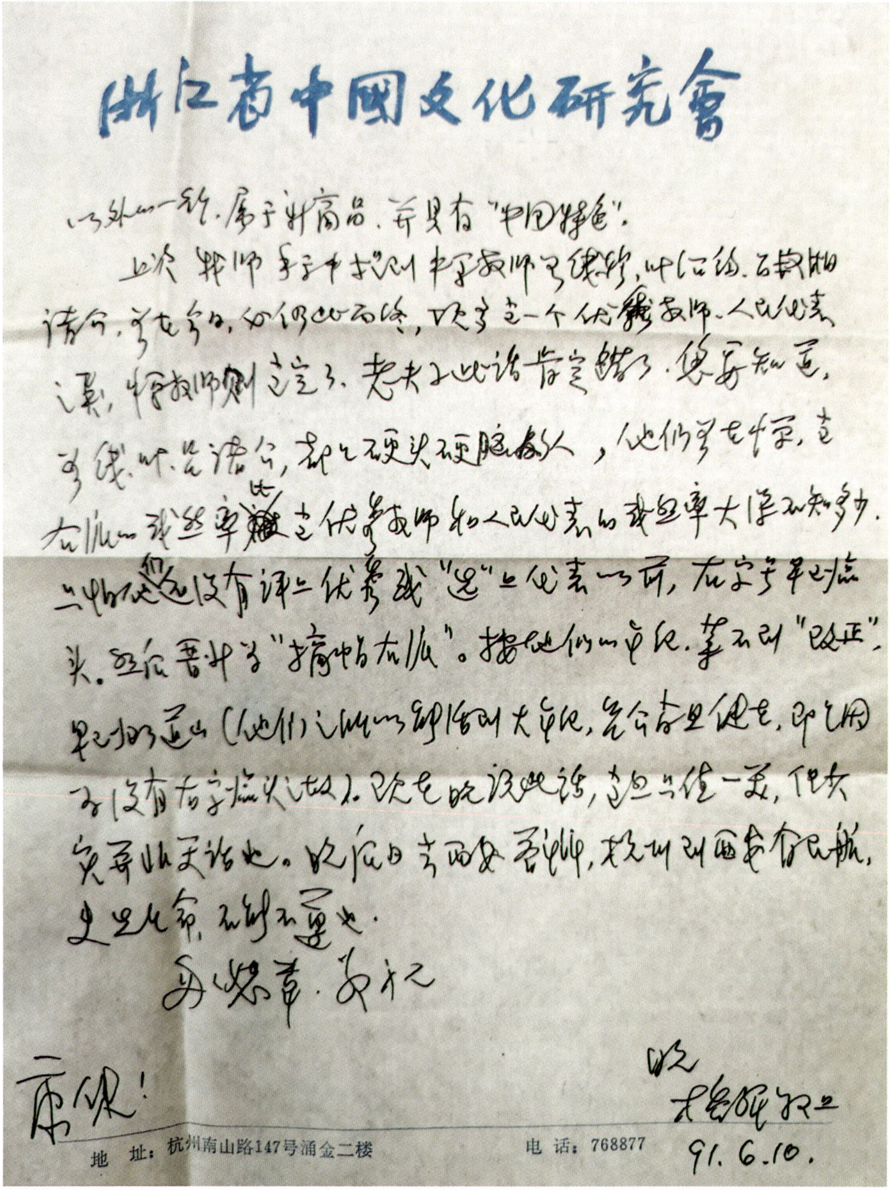

浙江省中國文化研究會

以外的一种，属于新商品，并具有"中国特色"。

上次张师手示中提到中学教师之优秀，如江苏、安徽两省诸公，并无分别，而以此而论，殊不知一个优秀教师、人民代表之窠，中学教师则尤甚了。老夫子此语肯定错了。须要知道，当年那些诸公，都是硬头硬脑的人，他们并无学问，直右派的我们这些之优秀教师和人民代表的我们单大得不知多少。当时他们还没有评上优秀或"选"上代表的时候，右字号早已临头。然后晋升为"摘帽右派"。据他们的年纪，等不到"改正"，早已归西去了（他们之所以能活到大年纪，是因为身体健康，即已因为没有右字临头之故）。以上晚说此话，真如佳一笑，但并不真是以笑话也。晚后日当西去晋谒，想何到西天会见他们，也是无命，不能不至也。

匆此奉覆，敬祝

康健！

晚 桥驿拜上

91.6.10.

地　址：杭州南山路147号涌金二楼　　电　话：768877

1991年6月10日致谭其骧先生的信（页二）

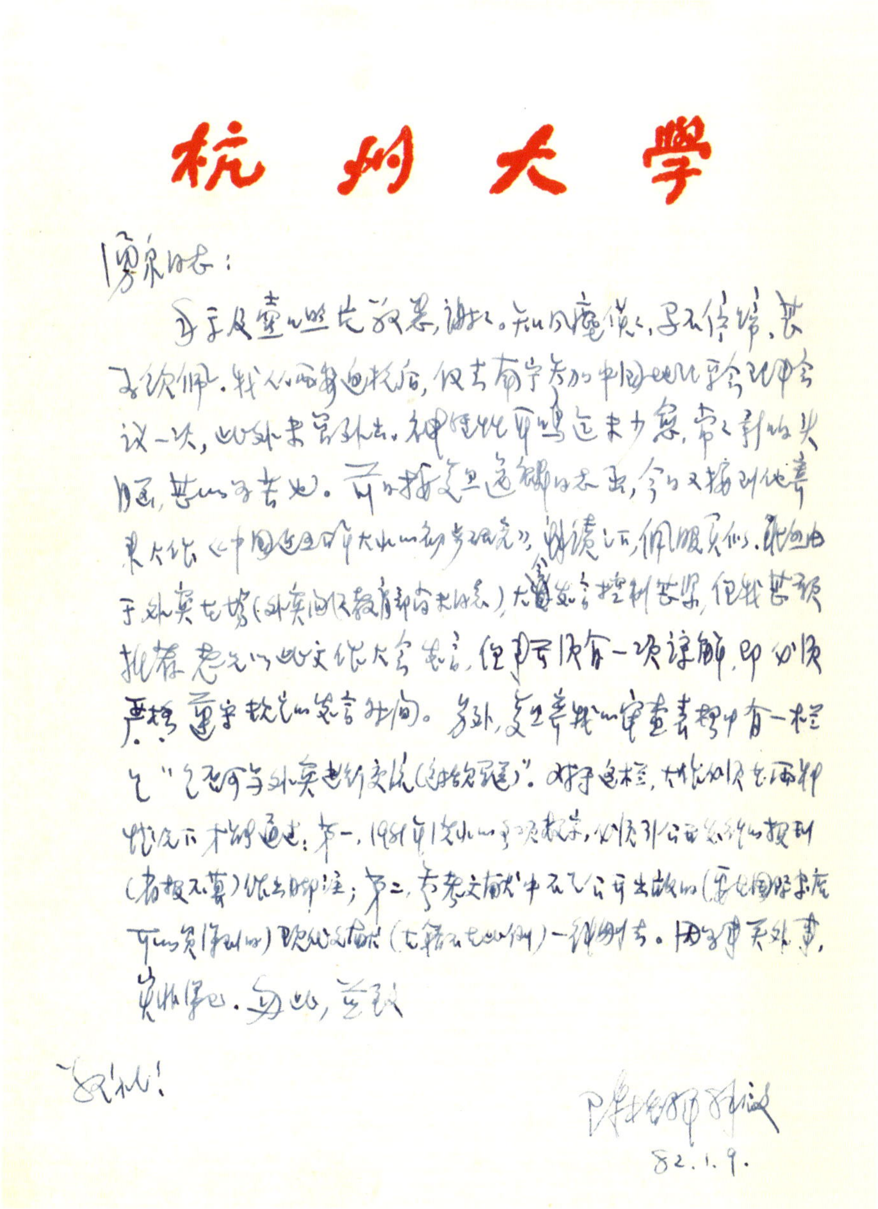

杭州大學

涌泉同志：

手示及壹心照片敬悉，谢谢。[illegible]，甚可欣佩。我们寒假回校后，仅去南京参加中国地理学会理事会议一次，此外未曾外出。[illegible]

[illegible]。[illegible]大作《中国近五千年大水的初步研究》，[illegible]，佩服之至。[illegible]于外宾去[illegible]（外宾由教育部安排），大会发言控制甚紧，但我甚愿推荐先生的此文作大会发言，但事前须有一次谅解，即必须严格遵守我们的发言时间。另外，[illegible]我们审查表格中有一栏是"是否可与外宾进行交流（请注明）"。对于这栏，[illegible]两种情况下才能通过：第一，1981年[illegible]，必须引[illegible]报刊（档报不算）作出脚注；第二，参考文献中[illegible]公开出版的（[illegible]）[illegible]（[illegible]）一律删去。因为事关外事，[illegible]。匆此，並致

敬礼！

陈桥驿拜启

82.1.9.

1982年1月9日致王涌泉先生的信

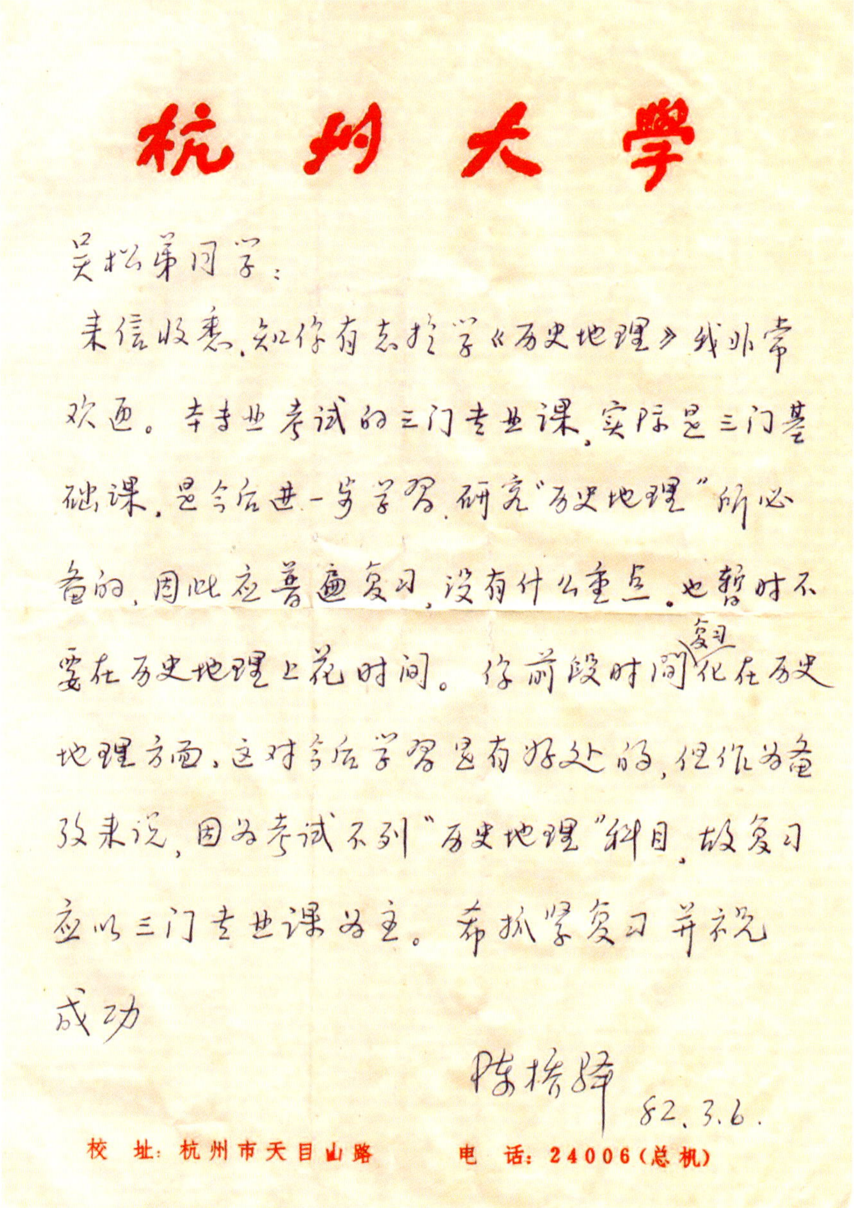

杭州大學

吴松弟同学：

来信收悉，知你有志于学《历史地理》我非常欢迎。本专业考试的三门专业课，实际是三门基础课，是今后进一步学习、研究"历史地理"所必备的，因此应普遍复习，没有什么重点，也暂时不要在历史地理上花时间。你前段时间复习化在历史地理方面，这对今后学习是有好处的，但作为备考来说，因为考试不列"历史地理"科目，故复习应以三门专业课为主。希抓紧复习并祝

成功

陈桥驿

82.3.6.

校　址：杭州市天目山路　　电　话：24006（总机）

1982年3月26日致吴松弟先生的信（吕以春先生代笔）

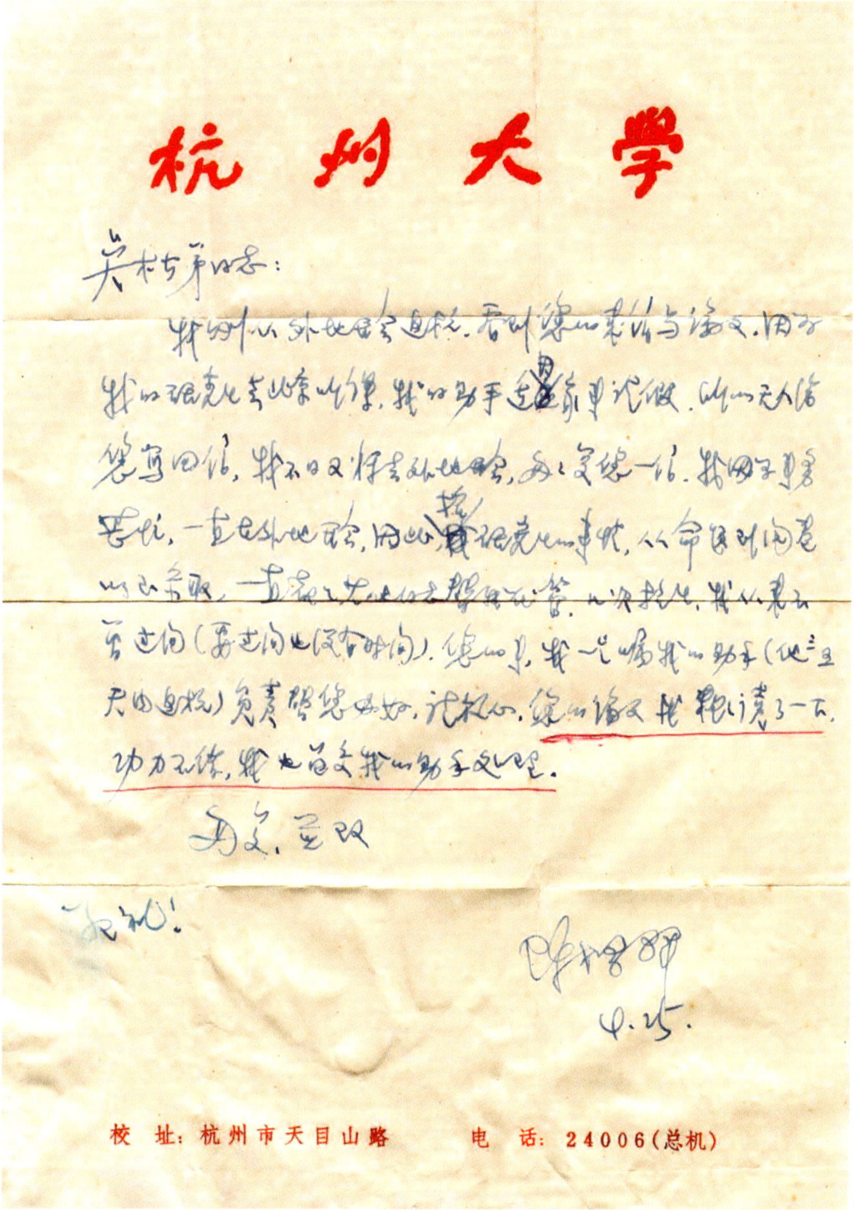

杭州大學

吴松弟同志：

陈桥驿
4.25.

校 址：杭州市天目山路　　电 话：24006(总机)

1982 年 4 月 25 日致吴松弟先生的信

松弟学棣：

由于文债较多，书评写迟了，而且写得匆忙，今寄上，请修改，如认为可以通过，请交给傅杰兄，或其他处置，由您作主。

去年在民盟听到的我们历史地理学界的一些令人叹息的现象，所以在最后谈论了文风和文德的问题。这里，按文件规定我是不必再教课的，但他们总希望我能经常地为研究生讲一、二次，这次开学我讲过了，把尊著带去，念了《慈庐记》中的这些话，对年轻人，要是存心规规矩矩吃这一碗饭的，《慈庐记》的这些话对他们实在至关重要。

开学时曾要我外孙带去《郦学札记》到复旦，其中有您一册，或已收到。

三月中旬我想到绍兴去住一段时期，做一点工作，因为这里干扰太多。

匆此 祝

好！

桥驿

2001.3.4.

明星纸品 204·08 20×20=400 第 页

2001年3月4日致吴松弟先生的信

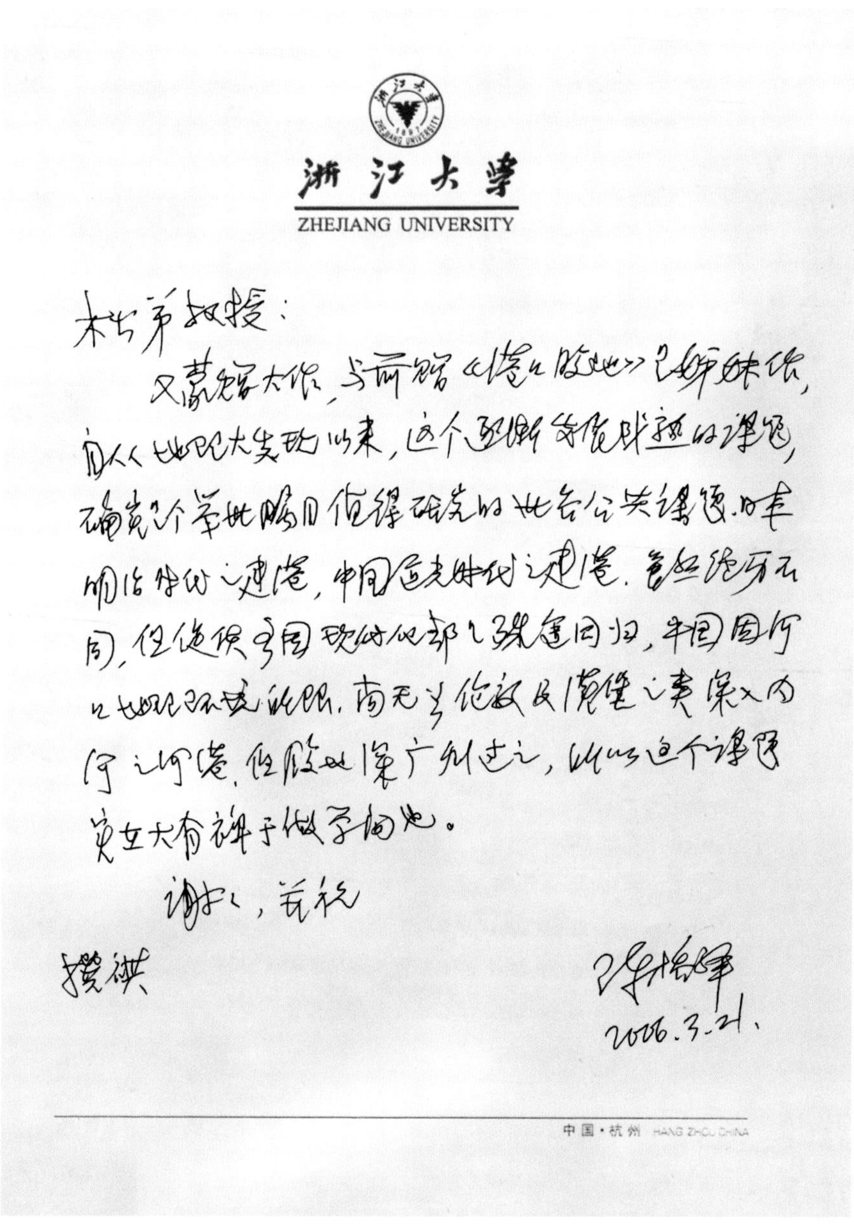

2006 年 3 月 21 日致吴松弟先生的信

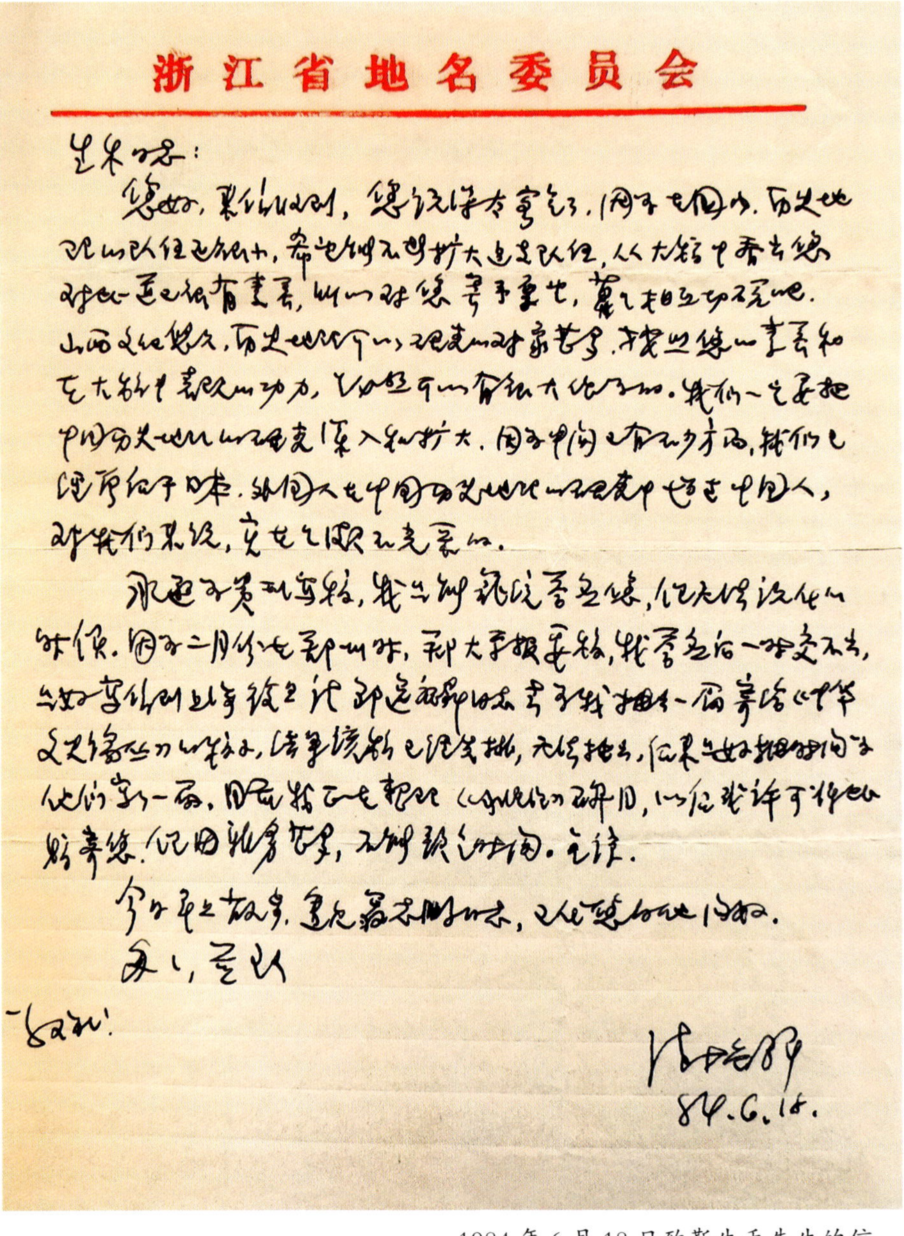
浙江省地名委员会

生禾同志：

您好，来信收到，您说得太客气了。目前在国内，历史地理的队伍还很小，希望我们不断扩大这支队伍，从来信中看出您对地理一直很有兴趣，所以对您寄予厚望，算是相互切磋吧。

山西文化悠久，历史地理有许多可以研究的方面。按照您的兴趣和在大学中学习的功力，今后是可以有很大作为的。我们一定要把中国历史地理的研究深入和扩大。目前中国已有许多方面，我们已经落后于日本。外国人在中国历史地理的研究中超过中国人，对我们来说，实在是很不光彩的。

[illegible]

[illegible]

匆匆，至此

敬礼！

陈桥驿

84.6.18.

1984 年 6 月 18 日致靳生禾先生的信

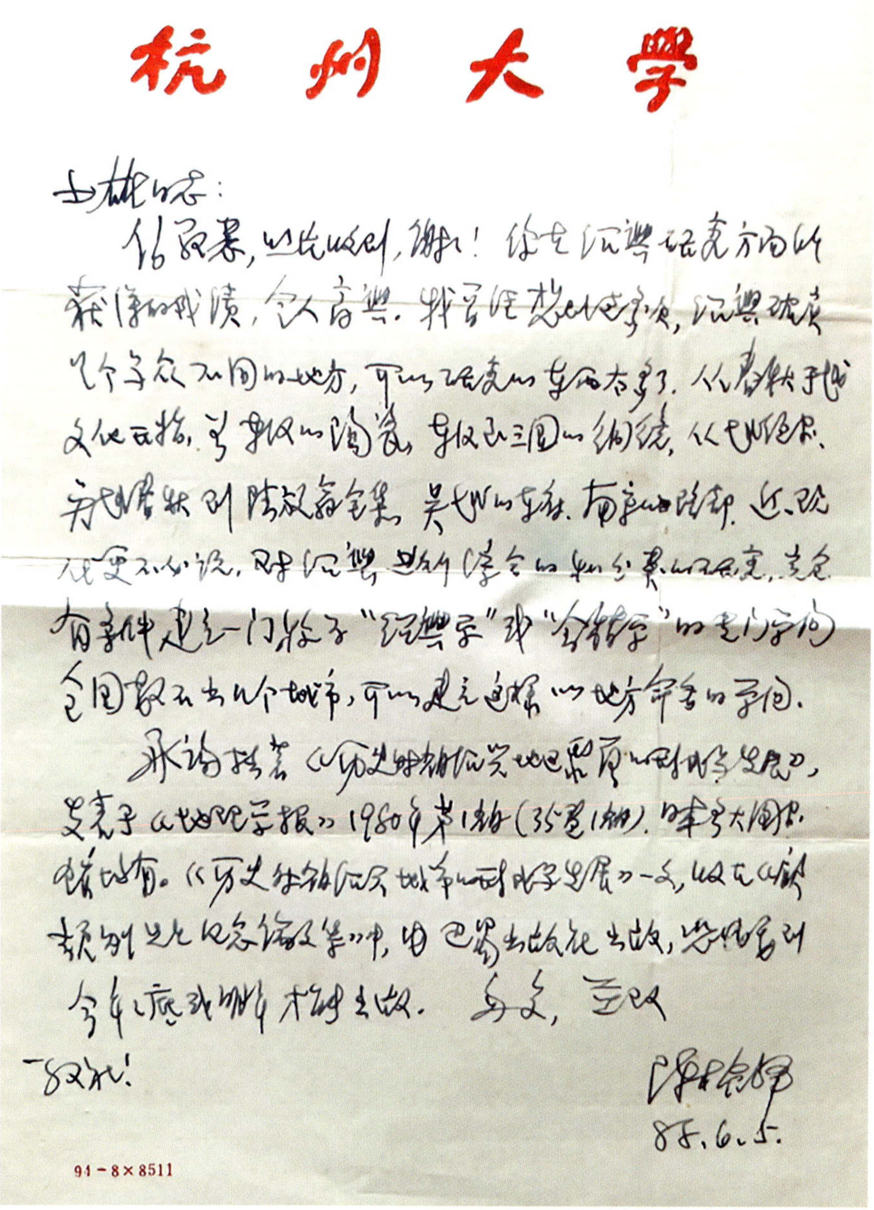

杭州大學

士雄同志：

信敬悉，照片收到，谢谢！你在绍兴旅游方面所获得的成绩，令人高兴。我曾经指出过，绍兴确是个与众不同的地方，可以旅游的东西太多了。从春秋于越文化开始，有东汉的陶瓷，东汉至三国的铜镜，从王羲之书法、宋代瓷器到陆放翁全集，吴越的古籍，南宋的陵寝，近现代更不必说。但绍兴旅游学会的知名度不高，竟无人提出建立一门称为"绍兴学"或"会稽学"的专门学问，全国数不出几个城市，可以建立这样以地方命名的学问。

承询拙著《历史时期绍兴地区聚落的形成与发展》，发表于《地理学报》1980年第1期（35卷1期），日本各大图书馆都有。《历史时期绍兴城市的形成与发展》一文，收在《顾颉刚先生纪念论文集》中，由巴蜀出版社出版，估计要到今年底或明年初才能出版。专复，顺致

敬礼！

陈桥驿

88.6.5.

94－8×8511

1988年6月5日致裘士雄先生的信

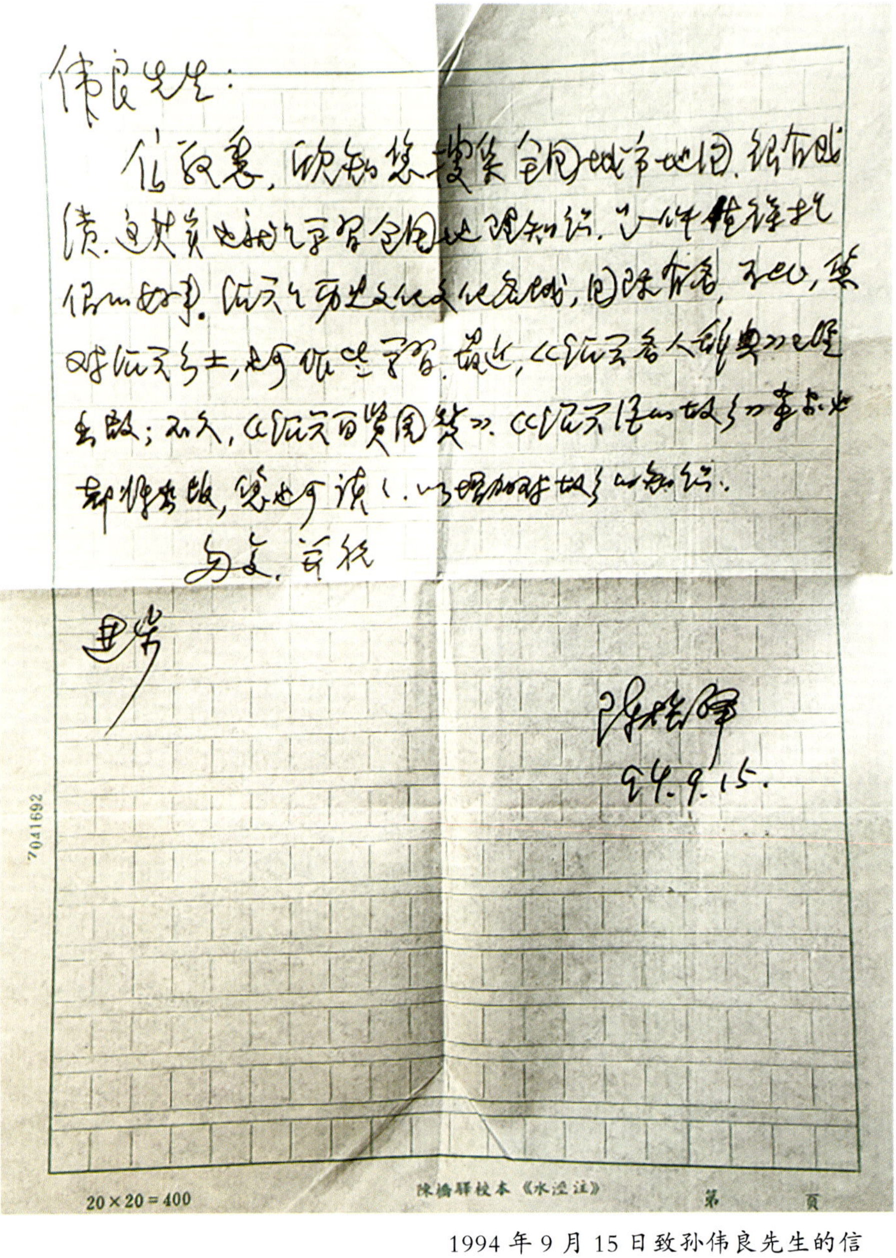

1994年9月15日致孙伟良先生的信

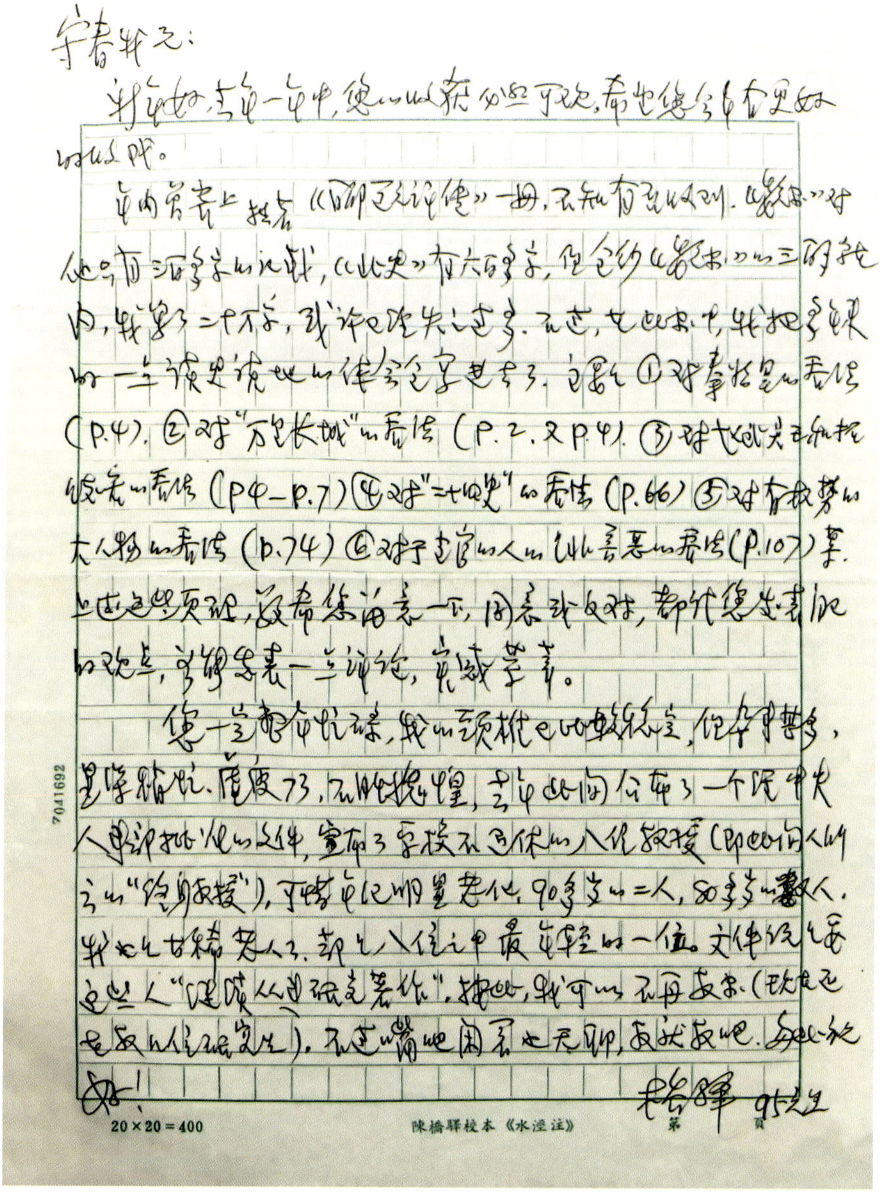
守春我兄：

新年好。去年一年中，您的收获必然可观，希望您今年有更好的收成。

年内曾寄上拙著《郦道元评传》一册，不知有否收到。《魏书》对他只有三百多字的记载，《北史》有六百多字，但全部《魏书》的三百多字内，就有了二十个错字，我作了[illegible]。不过，在此书中，我把多年的一些读史读地的体会全写进去了。包括①对秦始皇的看法（P.4）。②对"万里长城"的看法（P.2、又P.4）。③对长城关系和[illegible]的看法（P.4—P.7）④对"二十四史"的看法（P.66）⑤对有权势的大人物的看法（P.74）⑥对于当官的人的做善恶的看法（P.107）等。上述这些页码，敬希您留意一下。因为我知道，都代表我生平的观点，可以算是一点评论，它将是一个芸芸。

您一定都在忙碌，我的头发已比较稀少，但身体尚好，星期日也不忙碌，不能挽回，去年此间公布了一个浙江大学人事部批准的文件，宣布了学校不退休的八位教授（即此间人所云的"终身教授"），可惜年纪都是老的，90多岁的二人，80多岁的多数人，我已七十古稀老人了，却是八位之中最年轻的一位。文件说，这些人"继续从事研究著作"，据此，我可以不再发愁（我本是去年办理退休的先生）。不过嘴巴闲不下来，发发牢骚吧。匆此，祝

好！

桥驿　95.1.1

20×20=400　陈桥驿校本《水经注》　第　页

1995年1月1日致王守春先生的信

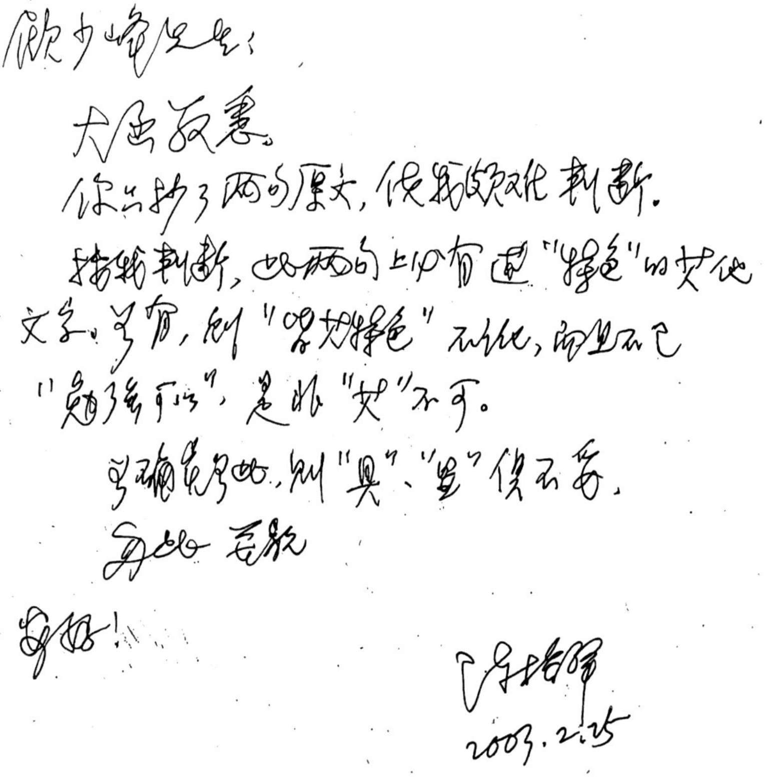

顾少峰先生：

大函敬悉。

你出示了两句原文，供我欣赏判断。

据我判断，此两句上必有述"绝色"的其他文字。若有，则"尽其绝色"不错，而且不止"勉强可以"，是非"其"不可。

若确实无此，则"其"、"之"俱不妥。

专此　答复

安好！

陈桥驿

2003.2.25

2003 年 2 月 25 日致顾少峰先生的信

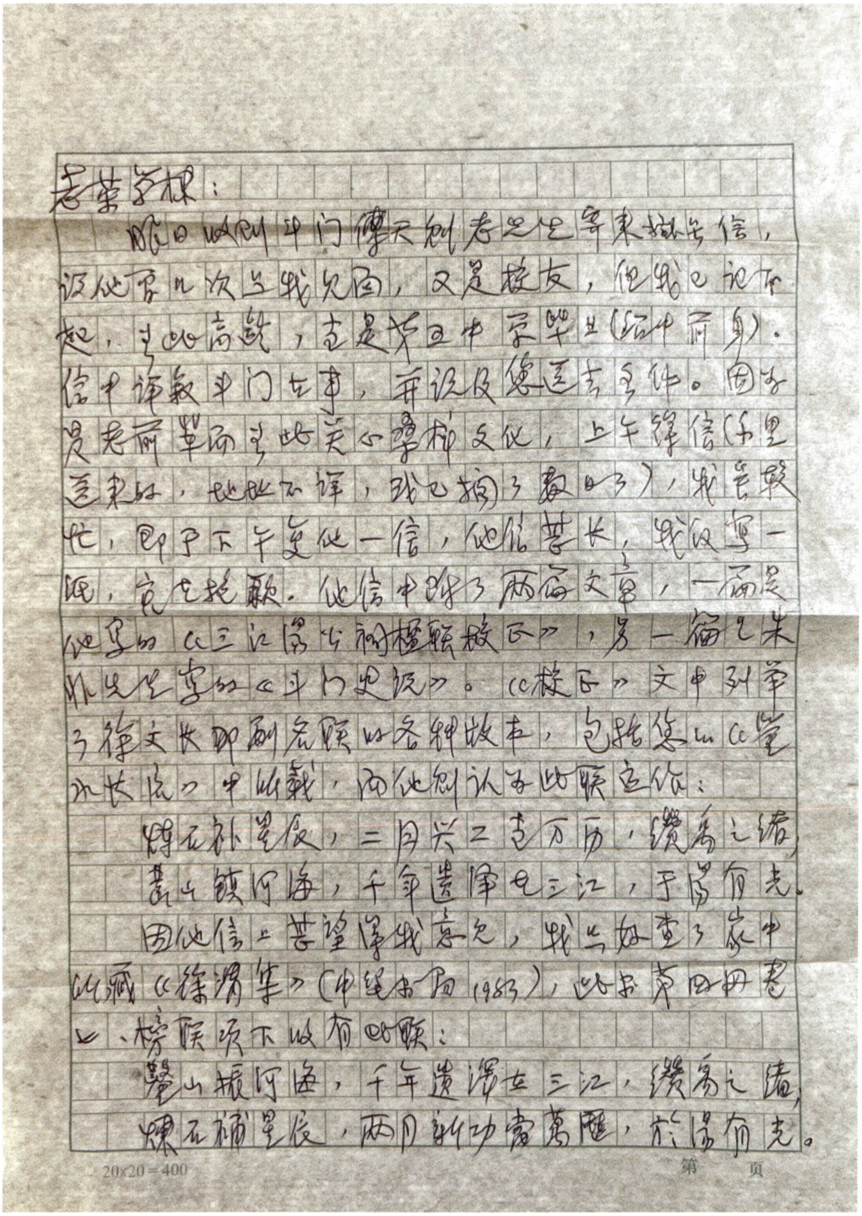
志荣学棣：

昨日收到斗门谭天创老先生寄来挂号信，说他曾几次与我见面，又是校友，但我已记不起，其人高龄，亦是第五中学毕业（绍中前身）。信中详叙斗门古事，并说及您送去复件。因为是老前辈而且如此关心学术文化，上午得信（系里送来的，地址不详，我已搁了数日了），我虽较忙，即于下午复他一信，他信甚长，我仅写一纸，实在抱歉。他信中附了两篇文章，一篇是他写的《三江闸汤祠楹联校正》，另一篇是朱兆先生写的《斗门史话》。《校正》文中列举了徐文长所制名联的各种版本，包括您的《鉴水长流》中所载，而他则认为此联应作：

炼石补星辰，二月兴工当万历，缵禹之绪，

凿山振河海，千年遗泽在三江，于汤有光。

因他信上希望得我意见，我只好查了家中所藏《徐渭集》（中华书局1983），此书第四册卷二、楹联项下收有此联：

凿山振河海，千年遗泽在三江，缵禹之绪，

炼石补星辰，两月新功当万历，于汤有光。

20×20=400　　第　页

2003年10月9日致邱志荣先生的信（页一）

《待漏集》也不一定可靠，但从对偶的切贴来说，“遗泽”之“遗”不作动词，它是二字相联的一个名词，与“遗产”、“遗迹”之义，则“兴功”对不上“遗泽”，而“新功”则很切贴。意见，仅仅是我的意见而已。

今晨醒得太早，我只要不吃安眠药，就往往如此。七思八想，凑出劣诗一绝：

北起京畿南到甬，有赖漕渠血脉通；
开古还须数越绝，越人自应得头功。

诗后附写几句：

越绝书是战国作品，经东汉郡人整理流传，此书所载山阴故水道，实是南北大运河最早河段，此段比吴古运河要比吴开邗之时，开凿较今，特书数言表明。

今天整天心绪繁繁沉沉，趁早上时间写此一信。即祝

好，并问畹儿好！

桥驿

2003.10.9.

20×20=400　　第　页

2003 年 10 月 9 日致邱志荣先生的信（页二）

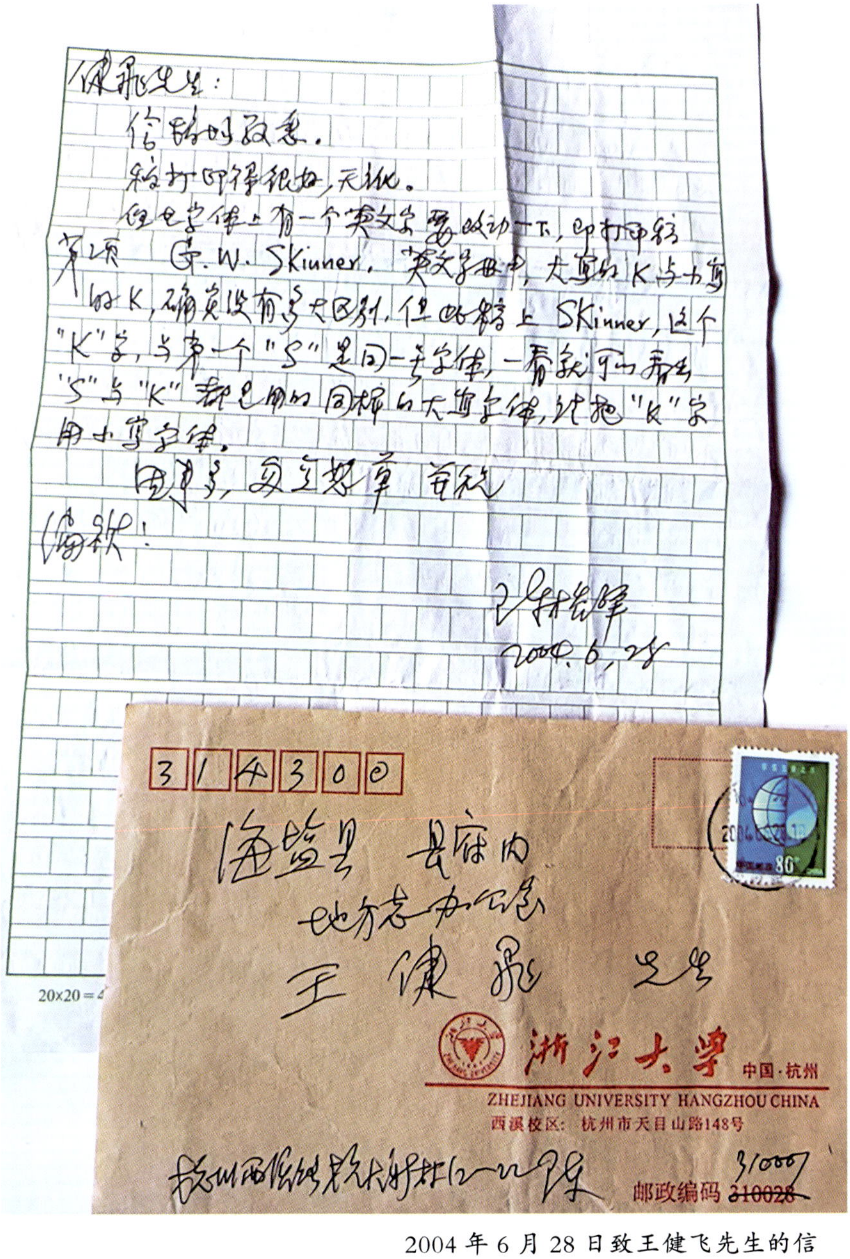
健飞先生：
信昨时收悉。
稿打印得很好，无误。
但电字体上有一个英文字要改动一下，即打印稿第2页 G.W.Skinner，英文字母中，大写的K与小写的K，确实没有多大区别，但此稿上Skinner，这个"K"字，与第一个"S"是同一号字体，一看就可以看出"S"与"K"都是用的同样的大写字体，请把"K"字用小写字体。
因事多，匆匆草草 并祝
编祺！
陈桥驿
2004.6.28

314300
海盐县 县府内
地方志办公室
王健飞 先生
浙江大学 中国·杭州
ZHEJIANG UNIVERSITY HANGZHOU CHINA
西溪校区：杭州市天目山路148号
杭州西溪路浙大新村12-22 陈
邮政编码 ~~310028~~ 310007

2004年6月28日致王健飞先生的信

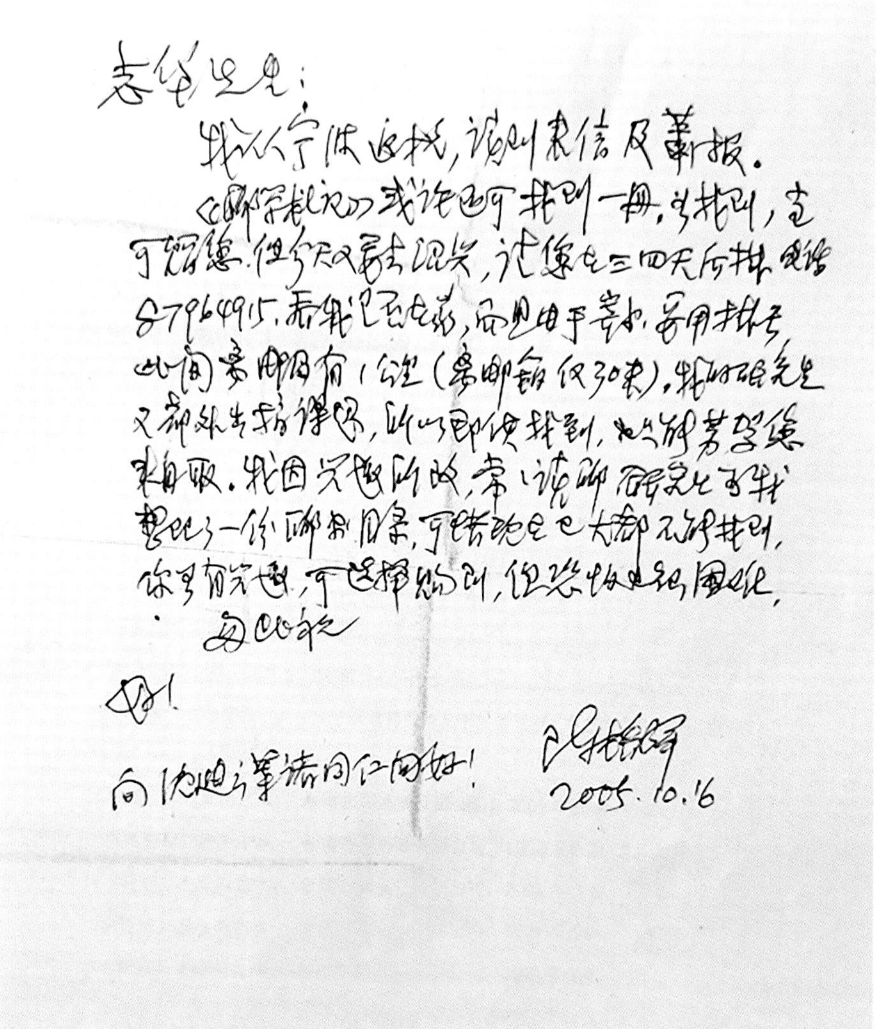

志华先生：

我从宁波返杭，读到来信及萧报。

《翻译批评》我倒还可找到一册，如找到，当可奉上。但今天又要去绍兴，只能在三四天后找。电话87964915。[illegible]，而且由于[illegible]，要用挂号，此间寄[illegible]（寄邮[illegible]仅30米），[illegible]又都处去[illegible]，所以即使找到，也只能劳驾[illegible]来自取。我因兴趣所致，常读[illegible]，[illegible]一份[illegible]目录，可惜现在也大都不能找到。你如有兴趣，可选择购到，但恐怕也很困难。

即此祝

好！

向您处[illegible]同仁问好！

陈桥驿

2005.10.16

2005年10月16日致汪志华先生的信

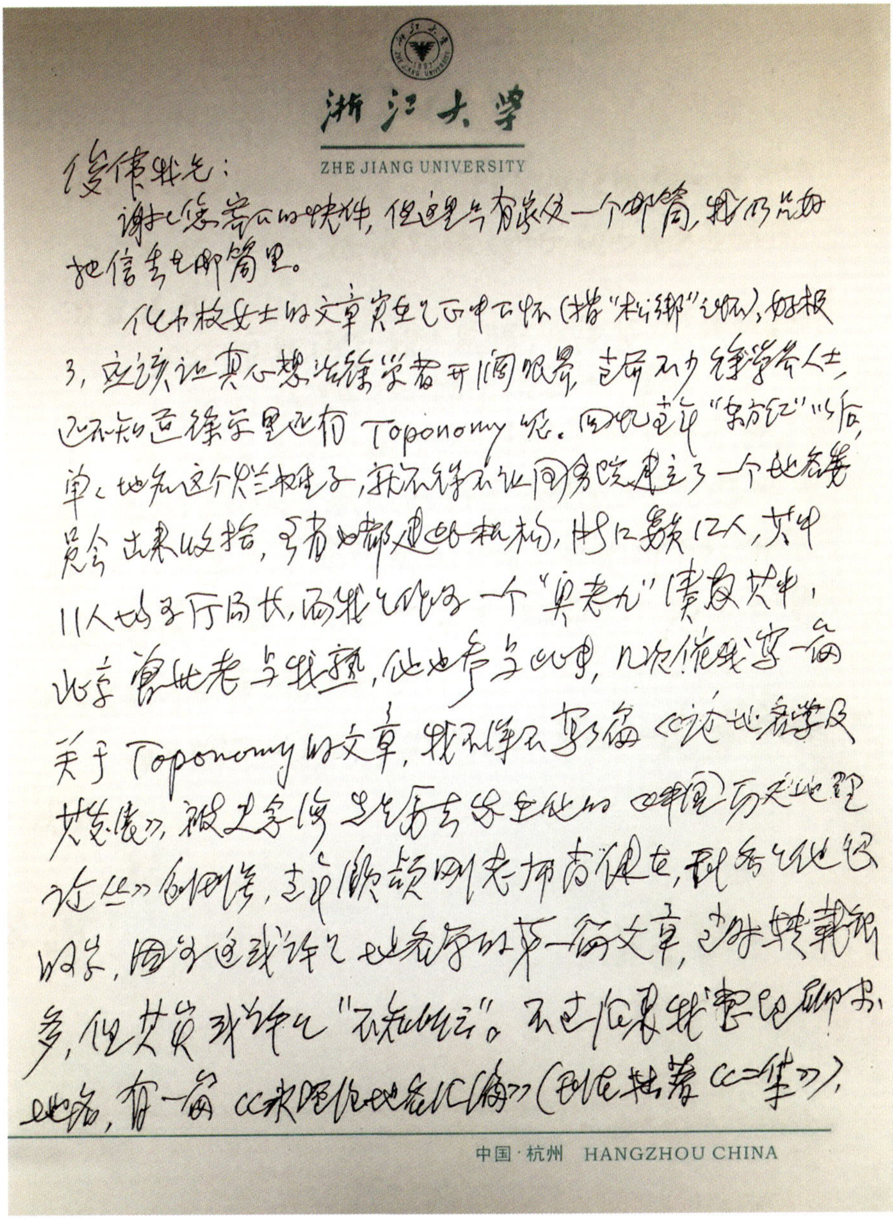

浙江大学
ZHE JIANG UNIVERSITY

俊伟先生：

谢谢您寄回的快件，但这里尚有您发一个邮筒，我仍照办把信寄去邮筒里。

华林枝女士的文章发在《地名中国》(指"水乡"地名)，好极了，应该让其他想治地名学者开阔眼界。当前不少地名学界人士，还不知道地名学里还有 Toponomy 呢。因此当年"地名办"以后，单单地名这个烂摊子，就不得不让国务院建立了一个地名委员会出来收拾，当时各部都建立机构，时任委员12人，其中11人均系厅局长，而我是作为一个"臭老九"凑数其中，此事曾世英与我熟，他也参与此事，几次催我写一篇关于 Toponomy 的文章，我就陆续写了篇《论地名学及其发展》，被史念海先生看去登在他的《中国历史地理论丛》创刊号，当时颇以为未有其他，引起了地名学界的关注，因为这或许是地名学的第一篇文章，之后转载很多，但其实我评之"不知所云"。不过后来我也写过很多地名，有一篇《水经注地名汇编》(已收拙著《[illegible][illegible]集》)，

中国·杭州 HANGZHOU CHINA

2007 年 8 月 9 日致曾俊伟先生的信(页一)

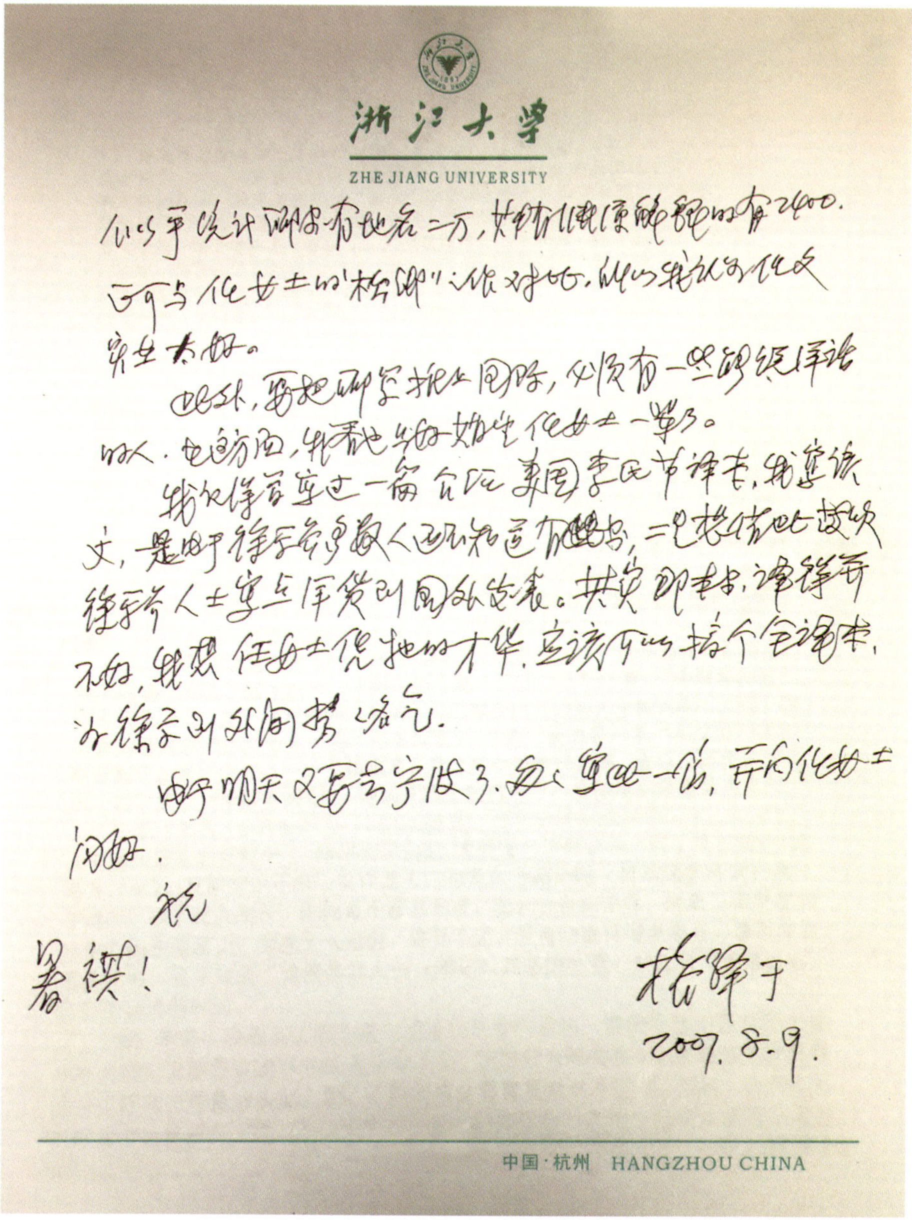

浙江大學
ZHE JIANG UNIVERSITY

所以单统计聊斋有地名二万，其中被俄译能翻的只有2400。可与任女士的"杭聊"一作对比，所以我认为任女士实在太好。

此外，要把聊斋推上国际，必须有一些好的译本的人。这方面，我看也只好由任女士一举了。

我以前曾写过一篇介绍美国李氏节译本，我写该文，一是由于蒲家后裔人还不知道有此书，二是想借此鼓吹蒲家后人士写点评赏到国外出书。其实那本书译得并不好，我想任女士凭她的才华，应该可以搞个全译本，为蒲家到外面赚点名气。

由于明天又要去宁波了，匆匆写此一纸，并向任女士问好。

祝

暑祺！

桥驿 于
2007.8.9.

中国·杭州 HANGZHOU CHINA

2007年8月9日致曾俊伟先生的信（页二）

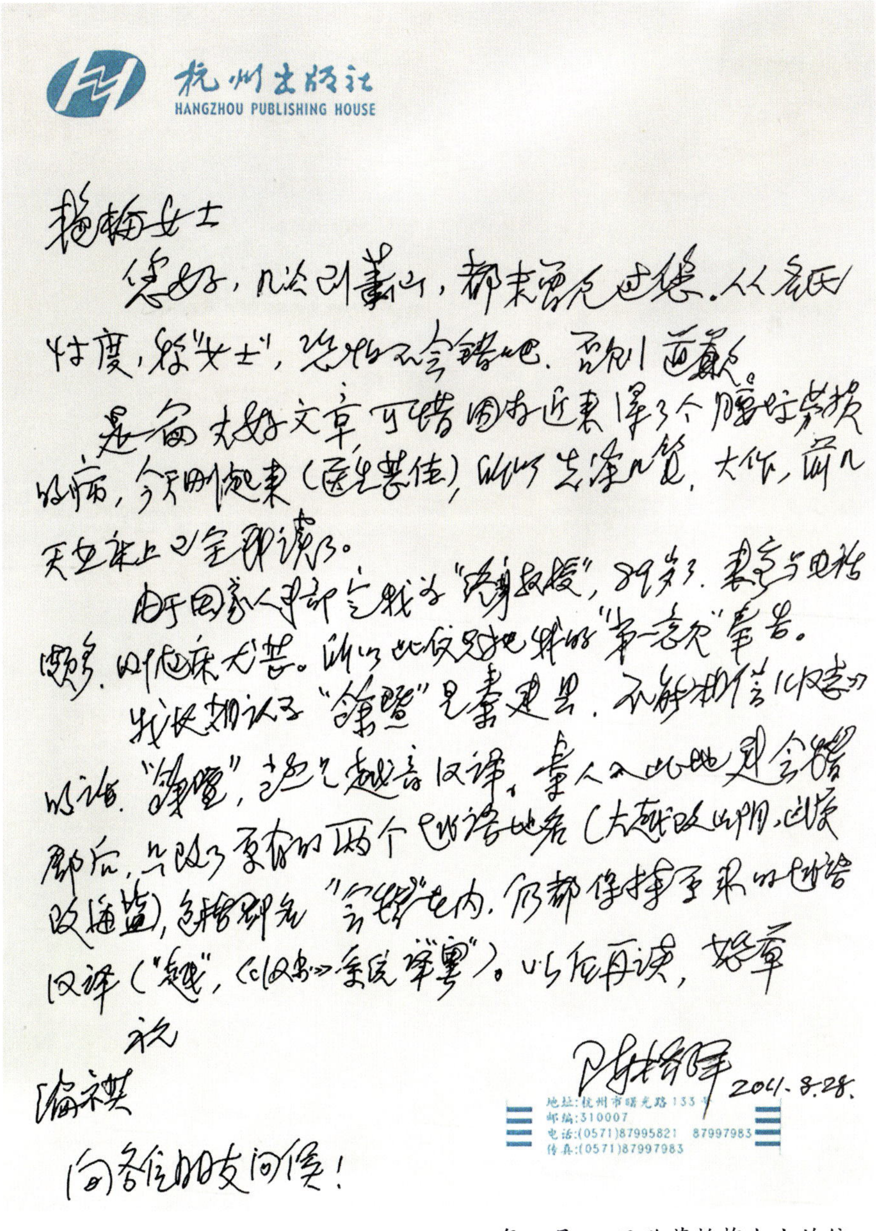

杭州出版社
HANGZHOU PUBLISHING HOUSE

艳梅女士

您好，几次到萧山，都未曾见过您。从名氏忖度，称"女士"，您怕不会错吧。至以为歉。

是篇大好文章，可惜因为近来得了个腰椎骨折的病，今天刚起来（医生要住），所以先浏览，大作，前几天在床上已全部读了。

由于国家人事部定我为"终身教授"，89岁了，来客与电话频多，以作床太苦。所以此信只能把我的"第一意见"奉告。

我很早就认为"余暨"是秦建县，不能相信《汉书》的话。"余暨"之是越语汉译，秦人不以此地建会稽郡后，只改了原有的两个越语地名（大越改山阴，由拳改海盐），至于诸暨名"余暨"在内，仍都保持了原来的越语汉译（"越"，《汉书》系汉举要）。以后再谈，好章

祝

愉快

向各位朋友问候！

陈桥驿 2011.8.28.

地址：杭州市曙光路133号
邮编：310007
电话：(0571)87995821 87997983
传真：(0571)87997983

2011 年 8 月 28 日致莫艳梅女士的信

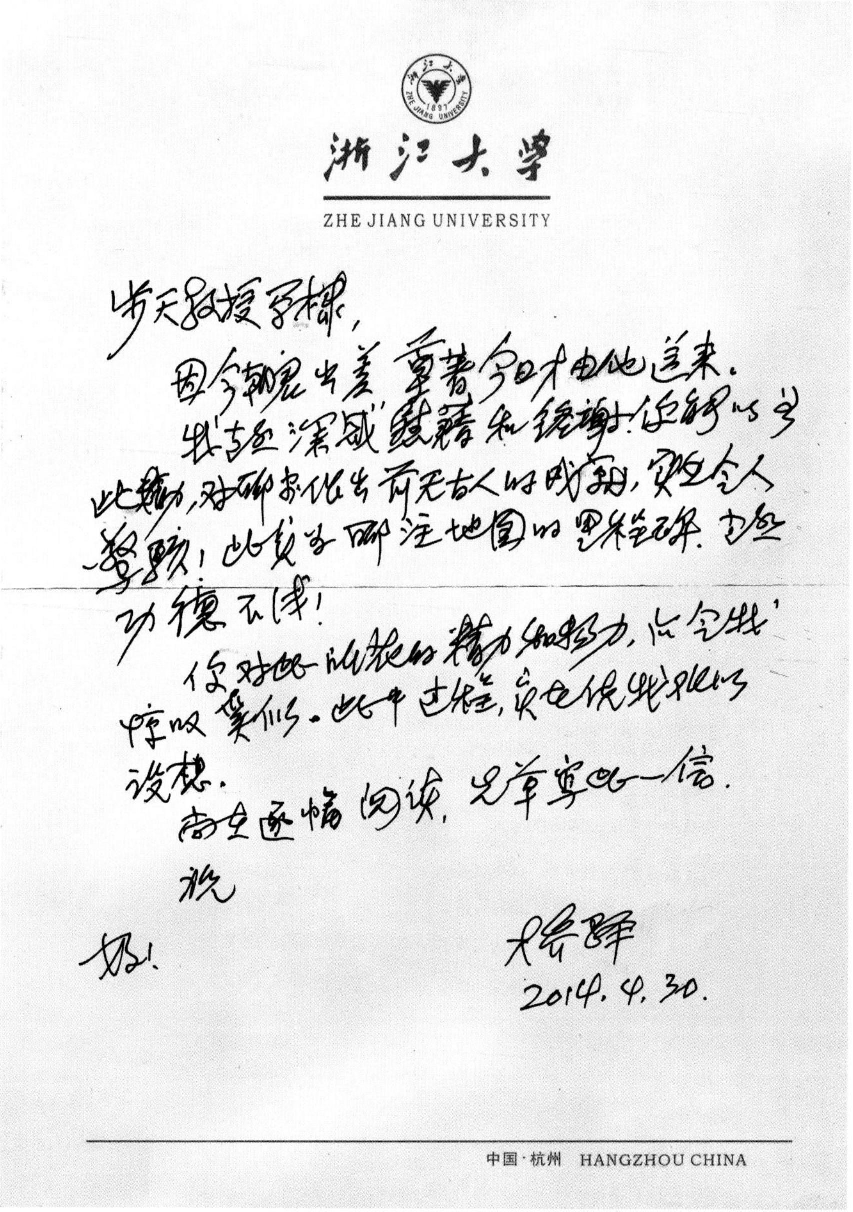

浙江大學
ZHE JIANG UNIVERSITY

步天教授学棣，

因令郎要出差，尊著今日才由他送来。
收到后深感鼓舞和感谢！你能以多
此精力，对郦学作出前无古人的成就，实在令人
钦佩！此书与郦注地图的里程碑，真正
功德无量！

你对此所花的精力和努力，必令我
惊叹莫名。此中过程，只有像我们
设想。

尚未逐幅阅读，先草写此一信。

祝

好！

桥驿
2014.4.30.

中国·杭州 HANGZHOU CHINA

2014年4月30日致张步天先生的信

序

陈桥驿先生逝世后，他的论著已被编为《陈桥驿全集》14册，由人民出版社于2018年出版。但《陈桥驿全集》未包括他一生留下的海量的书信，当时还来不及收集整理。今年初，山西的赵柱家先生将通过书商收集到的陈先生致靳生禾函88件、致寒声函6件，编为《陈桥驿致靳生禾、寒声信札笺释》，这是我所知第一种陈先生的书信汇编（尚待出版）。现在，为纪念陈先生100周年诞辰，颜越虎、范今朝、徐建春、周复来从征集到的陈先生信函中选出致19人的122封，编为《陈桥驿书信选》，即将出版，命我作序。

作为一位杰出的地理学家、郦道元和《水经注》研究专家、地方志专家、终身教授、绍兴文化名人，陈先生的通信对象自然以学术、教育、方志、文化、出版界为主，内容涉及历史地理、地方史志、地理研究和教学、郦道元和《水经注》研究、地名学、地方志编纂、浙江和绍兴历史文化等很多方面，也提及相关的学术活动、学术机构、科研项目、人事关系等方面，还反映了当时学术界、教育界难免不遭遇的职称评定、项目申报、招生、调动、出国、待遇低、出版难等状况，不仅是陈先生学术成果的一部分，也是这个特定时代的学术史、文化史、社会史的具体而生动的史料。

书信选中有12封信是写给先师季龙（谭其骧）先生的，时间从1973年至1991年，即陈先生50岁至68岁间、谭先生62岁至80岁间。而我从1978年起成为先师的研究生，1980年起受命当他的助手，看到这些信件，其中的内容历历如在目前。陈先生与先师并无师承关系，但从20世纪50年代相识后，一直执弟子礼甚恭。先师对陈先生的学术成就、治学精神、办事能力赞赏有加，在他承担的科研项目中委以重任，对陈先生的学术成就界以厚望。每遇历史地理专业委员会、《历史地理》刊物、国际会议与国际交流、“中国历史自然地理”编纂、《国家历史地图集》编纂等方面的急事、难题，往往会想到请陈先生救急纾难，陈先生一般也会在第一时间回复响应。20世80年代国门初开，陈先生得风气之先，率先走向世界，多次出访日本，与日本学术界建立密切交流合作关系。1982年，复旦大学首次召开中国历史地理学术研讨会，三位应邀参加的日本学者都是通过陈先生介绍和联络的。陈先生力促先师出访日本，多方联系介绍，选择最合适的条件，最终由斯波义信教授申请到日本学术振兴会的资助，于1986年10月赴日本作两个月的访问交流，取得丰硕成果，在日本学术界产生重大影响。这是先师一生唯一的学术出访，他的另一次出国是1976年受复旦大学党委的派遣以中国教育代表团团员的名义出访罗马尼亚。

本书中最多的一部分，是姜竺卿先生提供的书信。陈先生致姜先生的信有49封，时间跨度从1973年至2000年，而其中48封集中在1973年至1981年间；最密集的是1978年，有16封之多；2月、3月各有3封，2月2日上下午各有1封。姜竺卿和陈先生有何特殊关系？如此密集的通信所为何事呢？其实姜竺卿只是杭州大学地理系在“文化大革命”期间招收的一名“工农兵学员”，1970年至1973年在校，从第一封信看到，1973年他已在中学教地理课。对于这样一位在校时并无深交的普通学生，只是因为他好学上进，陈先生关怀备至，对他的进修、查阅资料、工作调动、报考研究生、合作研究、申报项目等都有具体的指导和帮助，还关心他建造新居、结婚、事故受伤和康复，可谓无微不至。“文化大革命”结束，学校工作渐复正常，陈先生一度希望他能调入杭州大学，得知他想报考研究生，又建议他报考谭其骧教授，并帮他了解情况，提供帮助。谭先生突发重病，一度病危，陈先生及时通知姜竺卿，让他另作打算：“假使在目前这样的情况下，你不愿再去复旦，那么，你可以到杭大来，因为今年我不招研究生，我们可以先调你来（或者是借你来，若调有困难的话），协助我搞点历史地理的筹备工作，明年起正式成为杭大的研究生。”得知谭先生康复有望，仍按原计划招生，又立即让姜竺卿准备应试，并帮他分析形势，坚定信心。姜竺卿最终落选复试，陈先生当天下午就给他写信：“这一件事，对你我二人都是一种打击。但愿你经得起，咬紧牙关，再苦干一年，明年到杭大地理系来。”次年，姜竺卿报考杭州大学陈先生的研究生。3月18日，陈先生就给他写信，介绍情况，分析形势，让他作正确选择。4月19日的信中又对他备考提了建议。7月19日，在获悉姜竺卿因政治、英语两门公共课成绩不及格而无法录取时，又立即写信鼓励他：“对于你，应该经得住这种考验，埋头苦读，因为经过两度考试，说明基础确实有不足之处。在地理学领域内，你的面还可稍稍宽一些。希望在埋头苦读的基础上，写出有一定水平的论文和专著，我将会尽我的力量帮助你解决发表和出版的问题。……这可能就是你一生中坏事变好事的关键，发愤苦读若干年，以抵于成。仅仅从你有志于学这一点，我就会尽一切可能支援你的。”对姜竺卿来说，两次考研失利无疑是不幸的，但能够遇到这样热忱负责的老师却是最幸运的。

据我所知，与陈先生通信的对象中，有此幸运的并不止姜竺卿一人，不仅有学生、青年，甚至有素不相识者。

本书中最简单的两封信，一是2004年6月28日致海盐县史志办公室的王健飞，指出打印稿中“SKinner”中的“K”应小写。一是2009

年 7 月 25 日致慈溪市史志办公室的童银舫，是补充打印稿中一个漏字（“著书立说”漏了个“立”字），陈先生时年 86。陈先生治学行事的严谨态度于此可见。

本书收入的最后一份手迹，是陈先生 2014 年 4 月 30 日致张步天，时年 91。可以看到，字迹清晰，行云流水，一气呵成，与二三十年前无异，足见陈先生依然有旺盛的精力。

尽管本书收录的信件只是陈先生全部书信中极小的一部分，但在一定程度上可以增加《陈桥驿全集》的内容，丰富陈先生的遗产，是对陈先生百年诞辰的纪念。感谢颜越虎等四位完成了一项非常有意义的工作！

葛剑雄

2023 年 10 月

选编说明

今年是陈桥驿先生100周年诞辰。为缅怀陈桥驿先生的学术成就，弘扬其治学精神，经研究，决定编纂、出版《陈桥驿书信选》。

本书主要收录2023年4月在有关报刊、网站及微信公众号等媒体发布《〈陈桥驿书信选〉征集启事》后所收集到的陈桥驿先生相关书信，也包括此前由陈桥驿先生家属所收集到的若干书信。鉴于陈桥驿先生作为学者的第一身份，本书侧重于收录具有学术价值且可以公开的陈桥驿先生相关书信，内容涵盖历史地理研究、《水经注》研究、《徐霞客游记》研究、吴越文化研究、古都研究、地名研究、地图研究、方志研究等方面。

此外，有3种情况需要说明：（1）与某位收信人长期保持通信联系，由于收信人有心，得以较完整地保存至今，所存书信数量较多，本书仅选择若干收录。（2）若干已经公开刊行，针对单位、会议等的贺信等，本书不再收录。（3）还有一些书信，因涉及私密话题或人事、时世情况等，暂不宜公开，本书亦未收录。

本次暂未收录的书信及其他以后可能收集到的书信，拟另待合适时机单独刊行或续编。在此特向提供陈桥驿先生相关信件的各位女士、先生表示衷心感谢！

本次征集进行过程中，还收到陈桥驿先生除书信外的其他文稿（如序言、题词等）的手稿或手迹的复印件、扫描件等，限于体例，本书未予收载，在此也予说明并致谢！

凡　例

一、本书信集以人系信，致同一收信人的书信统一编排，以写作时间为序。全书各收信人顺序则按目前收集到的书信中陈桥驿先生与各收信人最早通信的时间为序。

二、每位收信人附以简单介绍，尤其是通信时的身份、职称或职务等，便于读者理解书信内容。

三、信中落款形式各异，整理时皆保持原貌。无年份乃至月份者，考证后补入并加方括号标识。

四、信中有繁体字、异体字、“二简”字等，均改为当今规范汉字；个别明显笔误之处，亦径改。个别明显脱字者，酌予补入并加方括号标识。个别误字为保留原貌，以“编者注”注出正字。编者补上的相关文字亦用“〔　〕”标识。

五、信中个别辨识不清的字，推测为某字者后括注“？”，无法辨认者用“□”表示。个别不宜公开的内容，则用省略号并括注“编者注：此处有删节”等形式注明有删节。此外，个别信中提及的一些人物、事件或出版物等，因涉及信件时间确定，适当括注有关信息，并加“编者注”。

六、信中如“05 年”和“我已 90”之类的口语化表述仍之不改。

七、信中各种顺序编号，标注方式与今之通例有不合之处，亦保持原貌。

八、信中标点符号多有简省者，据今之习惯用法酌予补充或调整。

九、个别未予分段的信件，若内容较长，为阅读便利，酌予划分段落。

目　录

致姜竺卿先生的信

说明：

由姜竺卿先生提供原件（姜竺卿先生整理后按照时间顺序装订，于2016年5月寄交陈桥驿先生家属保存），编辑组文字整理。

姜竺卿先生曾有说明："陈先生的信中绝大多数落款只有月日时间，没有年份，我是依据信封邮戳补充进去的。个别邮戳看不清楚的，依内容分辨年份。"即原件中年份多为姜竺卿先生补写。但个别信件中，姜竺卿先生年份标注恐有误，由编辑组重新确定年份，并按照修改后的时间顺序编排。

姜竺卿先生于1970—1973年在原杭州大学地理系地理专业就读，后在温州中学等校任教。

1973年4月26日

竺卿同学：

我去半山杭州钢铁厂住了一个礼拜，回来读到你的信，心里很高兴。到半山去是为了调查什么环境污染的事，系里去了八九个教师。这类事不是我的专业，我没有兴趣，也没有什么可告。你的工作，我觉得非常适合。记得在校时你曾经为了此事和我商量过，当时我内心实在很想怂恿你教书。但是落在近几年的境遇中，又觉得难以启齿。实际上，我明明十分知道，像你这样一个爱读书的性格，是没有另外一种工作会比教师更适宜的。多数人离开学校也就是离开书本，少数人离开学校才真正拿起书本，你是属于后一类。在学校里，特别是在你这样一个有读书传统的学校里，对你确是充分有利的条件。愿你好自为之。

开始时，也不必操之过急，先求些安定，定下心来，教好功课，以便站稳脚跟，然后慢慢考虑一下，读些什么书，作些什么研究。我深信，你是一定能做出一番成绩来的。

这里情况如旧，我也是老样子，把一切空余的时间都消磨在《水经注》上，谈不上什么研究，无非是消遣而已。

再谈。祝

好！

陈桥驿

〔一九七三年〕四月二十六日

1973年10月10日

竺卿同志：

来信早已收悉，迟复为歉。

知道你这学期专教地理，这就很好。当然，现在的课本很浅，但至少教学和你自己的进修科研一致起来，可以减少精力的分散。分别半年多，想你一定又读了不少书了。

这里，新的一届工农兵学员又到了，地理专业一共是27人，明天起开始上课，读数理化半年，这是补课性质。我的课要到75年。现在总的说是在备课，不过假使真的现在就编讲义，到那时肯定又用不着了。

林大夏先生告诉我，温州图书馆的藏书不少（因解放初，他兼那里的军代表，所以了解情况），对你来说，当然是一个有利条件。我在“文化大革命”以前，曾经花了几年工夫陆续搜集过一些浙江省历史上水旱灾资料，做了几千张卡片。不过这些卡片在大革命中散失了不少。最近，系里希望我仍能把这个工作告一个结束，因此，我预备去南京、上海和宁波天一阁等图书馆跑一跑。假使温州图书馆资料较多（特别是家谱、族谱之类，因为这些东西里面有不少灾害天气资料），你有便时，替我到该馆打听一下。我可能明春也来一趟。

这里和你在时情况差不多，没有什么特殊可告。再谈。

祝

好！

陈桥驿

〔1973.〕10.10

1973年11月14日

竺卿同志：

我从宁波回来，读到了你的来信。谢谢你为我的事专程到图书馆去，还请代谢谢薛、郁两位先生。这次我在宁波天一阁，也麻烦了他们很多，花了半个月时间，读了几十部书，其中明版书有20多部。书海遨游，本是人生一乐，只是因为年来心绪不专，收获不是很多而已。我预备稍事休息和整理一下，再去南京和上海两地。今年就这样算了，明春在省内补几个点，那时候当然要到温州，因为你已经替我准备了很好的条件。只是我所做的，并不能说是什么科研题目，无非是搜集一些资料。能够见面谈谈，这当然是很希望的。

你在搞基建，当然影响一些个人的进修，但是什么事情都做一做，终究也能获得一些学问。好在我相信你是一个能抓紧时间的人。失去的时间，无疑是能补得起来的。

这里情况如旧。我离校一段时间，也不顾问系里的事，因此所知很少。再谈。

祝

近好！

陈桥驿

〔1973.〕11.14

1974年2月26日

竺卿同志：

二月十八日来信收到。知道你府上拆建房屋已经完成，这当然是件煞费精力的事；但是美轮美奂，更是件值得庆贺的事。祝你们在新厦中全家愉快！

我自从去岁天一阁看书回杭后，十二月中又去南京图书馆读书，一月中才返杭。春节后，原定二月一日去上海图书馆，但因批林批孔运动开始，留下来参加学习，直到数日前，领导通知我，可以走了。现定明日去沪，票已买好，在上海停留半个月，回杭后，还要去余杭参加宣传批林批孔的工作（定三月十八〔日〕出发，时间半个月，师生一起去，半月后，同学就在那里搞测量课，教师回杭），这是一个接受再教育的好机会，校内各系都已纷纷下去了。

知道你这学期教学工作较少，对自学来说，这当然是一个有利条件，我想你一定会很好地利用这样的条件的。我的这点科研工作，进度已经比原定计划要慢了，按原定计划，温州是一定要来的，但是像目前这样发生武斗的情况下（杭州也发生过这样的事，但是比你信上所讲的温州的情况要好），我想稍缓一下，等到情况好转一点。希望在暑假以前，我仍能在温州看到你。

因为明天就走，比较忙些。再谈。

祝

好！

陈桥驿

〔1974.〕2.26

1974年6月4日

竺卿同志：

绘图室小王同志早已转告我了你的话，谢谢你的关心。我本来打算暑假以前到温州来，但是现在领导同志都在忙于搞运动，一个月以前就通知我把这个题目的情况向领导汇报一次，直到今天还排不上队。而我自己，因为从上海回来后，接着参加余杭的开门办学，接着又去新安江出差一次，也觉得比较疲倦。而最近来，除了学习，基本上每天都在外西湖浙〔图〕分馆（曾在那里碰着温州馆的阮延龄同志，他是负责古籍的，了解了一点情况），那里的资料也还远远没有读完，所以来温的事，打算拖一拖再说。温州的情况想来已经好得多了。你工作大概较忙吧。寄你的这份教材，是外系用的，非常简单。因为既然系里印了，就寄一份让你看看。

祝

好！

陈桥驿

〔1974.〕6.4

1975 年 4 月 18 日

竺卿同志：

读到你的来信，使我很高兴。照理我是应该到温州来祝贺你的喜庆的，但事实上很有困难。因为为了那本书的问题，我实在忙得没有办法，而且也为此马上要出差去。因为书内有不少梵文甚至波斯文，原译诸位每人都留了一些未译的字，集到我身上数量就大了。因此我决定周内先去临安（农大林学系）一次，回来后即去沪，在沪约有二十天耽搁。不能亲来祝贺你，抱歉。

嘱写的字，我抄了荀子的一段聊以塞责。因为恐怕在信封中弄皱了，所以夹起来寄上。

匆匆。祝

好！

陈桥驿

〔1975.〕4.18

1975年6月16日

竺卿同志：

我从上海回来读到你的来信，知道你婚事办得很好，十分高兴。祝你伉俪幸福愉快。

我为了翻译工作中的一些冷门外语（主要是梵语）事，在上海一个多月，中间曾返杭一次，但从四月底起到前日返杭，基本上都在上海图书馆等几个单位翻辞典。因为年岁较大了，加上单独一个人在外面，生活起居，并不方便，许多地方都有力不从心之感。读来信知道你拟在甬、杭、宁一带走一走，古人所谓"行万里路，读万卷书"，这是很好，趁年轻时多跑些地方，不要等像我这样年纪，跑一趟上海就感到体力不支了。不知你何日成行。

知道你要写温州市地理及课本参考资料，这是知识分子本行，更是一个学地理本行，自然是件好事。既然领导要求先写一点，好在于你也非难事。城市地理，形式上虽然千变万化，但内容总是历史地理、自然地理、经济地理三个部分。至于课本参考资料，过去这类书甚多，可以找出来，对比一下它们各书格式的优缺点，规定一个你采用的格式，然后按照格式整理资料，这样也就"虽不中不远矣"了。

我刚刚回来，学校情况不大清楚，今天上午曾去系里一次，看到地理系学员贴的许多大字报，主要是为了专业方向问题。据说此事系里也颇为难，但详情我还不知道。

上次替你写几个字的年份弄错了，因为长期未和天干地支接触，匆匆写来，翻了一本身边的老黄历，以致闹了笑话。就算去年写的，将错就错吧。一笑。

祝

好！

陈桥驿

〔一九七五年〕六月十六日

1975 年 10 月 20 日

竺卿同志：

你寄来的《地理教学参考资料》早已收到。由于工作较忙，我只大概地读了一下，觉得内容丰富，体系完整，结构严密，足见你是学有根基，而且是花了不少功夫的。不知近来又在编写些什么？

我因翻译工作较忙，出版社催得很紧，而且为了选择一本适当的关于印度的书籍以便继续再译，不久可能要与出版社的同志去沪一次。而手头的《尼泊尔》的工作距正式交稿又还有一段距离，工作显得有些捉襟见肘。而且由于痔疾常常发作，自己也急着想把《尼泊尔》早日交稿，以便抽出一段时间去医院割治，所以就格外忙碌了。

杭州情况较暑假前已稍好，只是供应很差，最近连肉都很难买到。社会秩序国庆前整顿了一下，但效果并不很大。我因翻译事，基本上终日坐在家里，外面甚少走动，惟虎跑新建动物园开放，曾去过一下，布局不错，惟动物太少。你有机会来杭时，值得前去一看。

匆匆恕草。祝

好！

陈桥驿

〔1975.〕10.20

1976年1月10日

（姜竺卿先生原定为1978年，恐误，应为1976年）

竺卿同志：

来信早悉。我因一点翻译的事，连续二次去沪，先后一月，因此没有及时复你的信。读来信，知道你工作很忙，而且做的事都有关地理业务，这实在是很好的。通过这些工作，专业必然大有长进。至于外语学习，能够坚持不懈，尤为难能可贵。从打好基础下手，是一个最有远见的办法。我通过这一年多校阅一些译稿，也着实有些体会。译文中发生的这样那样的问题，说到底都是基础问题，特别是语法基础问题。我想你是会注意这个问题的。在目前发表园地尚较困难的情况下，你能坚持努力，打好基础，所学必不致无用，这是可以肯定的。

这里，《尼泊尔》一书，大概春节后可以送出，接下去是《不丹》、《印度》，其中《印度》一书，分量颇大，有900余页，力量如何组织，领导上尚无正式表示。我反正按领导的指示行事，做这样那样，当然都是一样，不应计较。按方便一点说，我自然希望自己参加翻〔译〕一点，哪怕是多翻〔译〕一点，总比校阅工作少伤脑筋。但一切有待领导决定。

系里一半以上的教师和二三年级同学都下去搞“农业学大寨”了，地点在嘉兴。再谈。

并致

敬礼！

陈桥驿

〔一九七六年〕一月十日

1977 年 3 月 15 日

（收集人原定为 1975 年，恐误。应为 1977 年）

竺卿同志：

来信收到。知道了你的一些近况。教学和科研的工作，最近有一些迹象要重视起来，希望能这样就好，因为大家都想以自己所学做一点工作。当然还需要等一等，看看实际措施。

寄上《陕西师大学报》一册，因为里面有一篇《论泾渭清浊的变迁》，可以一读。

我的儿子前几年曾经翻译过一本《工程技术常用数学》，最近由科学出版社出版了。因为内容全部是高等数学，对一般未必有用，所以没有寄给你，但假使你恰恰需要，则当然可以寄奉。

我马上就要去宁波天一阁查一点资料。海味不必再麻烦了，不仅是这里也可以买到一点，而且寄来更不方便。以后再说吧。

祝

好！

陈桥驿

〔1977.〕3.15

1977 年 10 月 29 日

（姜竺卿先生原定为 1975 年，恐误。应为 1977 年）

竺卿同志：

你好。接读来信，很高兴，知道你因外调来杭，更高兴。见面可以谈谈你这些年来的学习心得，以及今后在学术上的规划问题。你是可以出成果的，这一点我很有信心。

在以华主席为首的党中央的领导下，形势确实大好，提供了广大知识分子大干一番、大出学术成果的有利条件。不过，像我这样一辈的人，精力最旺盛的时期，已经在“四人帮”的控制下虚度了，今后主要要靠你们了。

我为了一点翻译的事，大约十一月中前后要去北京，接着是在上海参加《历史自然地理编》的审稿会议，这会要开很久（编者注：1977 年 11 月至 1978 年 1 月，在上海的华东师范大学参加《中国自然地理·历史自然地理》审稿会议，当时华东师范大学仍称上海师范大学）。寄上的这篇东西是地理所文焕然同志和我合作的，请你提些意见。

不知你什么时候到杭，希望能见到你，可以面谈一下。我较忙，但是身体并不顶好，已经力不从心了。

祝

好！

陈桥驿

〔1977.〕10.29

1977 年 12 月 29 日

竺卿同志：

你好。前曾寄《历史时期的植被变迁》一文，想已收到。我曾于上月初去北京，月底返杭。八月初即来沪参加历史地理定稿会。此会因稿件较多，而人手甚少，估计要拖到春节。在以华主席为首的党中央领导下，目前文化科技界形势一片大好，大家决心迎头赶上，把在“四人帮”肆虐时期所失去的时间夺回来。历史地理这门学科也是一样，以复旦大学历史地理研究室为中心的各位同志，也正在规划如何赶上形势。此次定稿会，主要也是依靠复旦的力量。谭其骧教授也住在这里，主持这项工作。今日该室的支部书记周同志也到此看望大家，闲谈中说到历史地理这门学科后继无人，希望各方面物色一些对此有基础而又有兴趣的人，因为谭先生要招考两名研究生。我回忆在我历来所接触的学生中，对此有基础、有兴趣的实在很少，因而就想到了你，当时就提了一下。复旦方面当时就希望我能和你联系一下。不知你有否投考历史地理研究生的愿望。如有这种愿望，则我可以向复旦及谭先生推荐。请你考虑一下，随便写一点告诉我。

温州的情况想必大为好转。杭州的社会秩序也已显著好转。当然，供应一时还跟不上，但终究会逐渐好转的。

致

礼！

陈桥驿

〔1977.〕12.29

上海师大第二宿舍 215，历史地理定稿会。

1978 年 1 月 16 日

竺卿同志：

你好。我因省出版局和系里的事情，8 日返杭，到昨日才再来上海，所以你 4 日来信看到得迟了。你去年曾来信提到可能到杭州一次，我本来打算当面和你谈一谈关于你继续深造的事，但后来我去北京，从京返杭后又停不了几天即赴上海，因此把这事耽搁了。同时又考虑到，因为你有了家累，是否还愿意和可能外出深造，因此，我上次给你的信特地把调子写得较低，以免使你为难。现在你已经向我表示了愿意继续深造的决心，说明你的初衷没有改变。这样，我就可以告诉你，关于你继续深造的事，我一定尽我的力量替你办好，你尽管放心好了。因为关于你的业务水平和你学习的勤奋这两方面，我是了解的。

今天晚上我和谭先生谈了你的事，介绍了你的学习情况，也给他看了你写给我的信。他很赞赏你，欢迎你报考他的研究生。另外，我已同时将你的通讯处交给复旦在这里的其他同志，要他转知他们系里寄一份报考研究生的章程给你。不过这里和复旦交通不便，他要周末返校时才能办此事，因此你收到可能要晚一些。现在我可以先告诉你的是：三月一日起报名，五月五至七日考试。其余的我说不上，你照以后寄到的章程办就是了。

我较忙，不多写了。祝

好！

陈桥驿

〔1978.1.〕16 晚

1978 年 2 月 2 日

竺卿同志：

你好。我在沪所发一函及复旦寄给你的印件想已收到。我一直到上月三十日才返杭，而且事情还没有结束，到暑假还要继续。你带来的虾米已早收到，谢谢。你以后如替我买点水产，务请将价格告诉我，俾我寄上，不要客气，因为这样已经很麻烦你了。

复旦寄你的印件，大概仅仅是一个通知，恐怕没有考试复习参考书目。如果这样，你可继续和他们联系。复旦历史地理研究室附设于历史系，谭先生为首，支部书记周维衍同志，是个四十岁左右的年轻人，是历史系毕业的。

我已把你的情况告诉过谭先生和他的两位得力助手：邹逸麟同志（山东大学历史系毕业）和张修桂同志（华东师大地理系毕业），他们都很欢迎你。因此，你进复旦，希望是很大的。事情是好事，也符合你一心向学的愿望，但是三年以后，工作不会在温州，可能留在复旦，也可能到别处的高校，当然也不排斥到杭大来（我们也打算搞历史地理研究室），不过总不会是温州。这一点你必须有充分的考虑和估计。

我二月十五日又要去沪参加地理所主持的外国地理会议。我实在是早已不搞此道了，真不愿空占这样一个名额，但是系里既然决定，我只好服从。系里还要招地理专业，外国地理实在需要接班人，实际上你也是很适当的。当然，历史地理是后继无人的学科，而且历史地理比外国地理困难得多，你既然有志于此，就向这样发展吧。

祝

春节好！

陈桥驿

〔1978.〕2.2

1978年2月2日

竺卿同志：

今日上午曾发出一信，想已收到。因为昨天马裕祥老师来看我，谈起你的情况，我唯恐你录取后要在外地工作的思想准备还不足，所以才写了上午的那封信。实际上，马老师对你的孜孜于学是很赞许的。今日午后，阿多老师到我家坐谈了好久，知道你在这些方面都是经过考虑而有所准备的。那我就很放心了。阿多老师告诉我，由于复旦信中没有写明怎样温课，这方面你比较心中无数，希望我告诉你一点情况。

复旦原来匆匆忙忙地印过一份有关章程，匆促间没有通过谭先生，谭先生很不满意。据谭先生告诉我，那个印件上写明复习内容是范文澜的《中国通史》、郭沫若的《中国史稿》(尚未出全)，另外好像是翦伯赞的《中国通史》，地理方面只是笼统地写了一种称为“中等程度的中国地理”，没有具体的书名(实在也开不出)。如此而已。因此，你备课时，首先当然是把中国通史掌握一下，在关键问题上，如范、郭之说如有不同，则应知道范说如何，郭说如何。对一些重要的历史地理文献，如《禹贡》、《山海经》、《汉书·地理志》、《水经注》、《元和郡县志》(编者注：此处顿号按现行《标点符号用法》应删去)等等，最好有一点知识性的了解(如作者、写作年代等)；中国地理，是否可看看过去学过的讲义，自然、经济都注意一下，有时间的话，还可再复习一下卡列斯尼克的《普通自然地理简明教程》(不是《普通地理学原理》，这个太烦了)；文言文的知识要有一些，但这个不是短期间可准备，好在你已有较好的基础了。此外，便是外语和政治，这是各科一律的，当然也需要准备一下。

三月份报名后，你可以再向复旦历史地理研究〔室〕了解一下。当时我如知道了新的情况，也会告诉你。目前，他们正忙于订规划，意见又颇纷歧，所以还没有能力考虑到这个问题，而谭先生春节后不久得去北京参加五届人大，也没有很多考虑的时间。

谢谢你又送来了精致而漂亮的竹帘画，是很好的艺术品。可惜我的住宅还是很伤脑筋，屋小人多，“文革”中因冲击而减少的那一个房间尚未归还，目前还没有地方挂呢。

匆匆。祝

好！

陈桥驿

〔1978.〕2.2 下午

1978年2月25日

竺卿同志：

你好。家里转来你的信，知道了你的情况，很好。

告诉你一个不好的消息，谭先生病得很重，开始是小中风，接着发现了胆囊的问题，有病变可能，希望不要恶化。我去医院看过他一次，情况以后再告。

昨天上午，复旦来接我去那里做了一次所谓学术报告，你的事，我又和他们聊起过了，现在还加上了谭先生的身体问题，但是这不会影响他们招研究生的事，历史地理室可以集体带，因此，你的事是不成问题的。你照常备考就是了。

我不搞世界地理了，原来计划招的是历史地理研究生，现在决定到79年招，今年，从年头到年尾，工作已经排得满满，五月去西安，三季度去两广，还有翻译，还有写一点历史地理文章，什么空也没有。目前在开的这个会，我实在就是旁听而已。

祝

好！

陈桥驿

〔1978.〕2.25

1978年3月9日

竺卿同志：

你好。我在上海发出一信，想已收到。你得到谭先生生病的消息，一定非常不安。而我在上海时，由于情况来得突然，而且又不曾和系里领导商量过，所以也只能将简况先告诉你一下，让你有一个思想准备。现在，事情已经发展到如此，我不得不把全部情况都告诉你了。

谭先生和我是1月30日分手的，2月1日他就得了小中风，半身麻木，言语也发生了一些困难，送到上海第六人民医院，接着就发生了急性阑尾炎。在切除时，医生又发现了胆囊的硬块，认为有病变可能，这就非常严重了。2月17日下午，地理研究所郭所长、中国地理学会瞿秘书长、上海师大副系主任吴建藩同志和我四人去医院看他！他挂着氧气，身体极为衰弱。他除了嘱我把《历史自然地理》的责任负起来外，根本说不动话了。

上海会议结束后，地理所郭所长于2.26（编者注：“2.26”即“2月26日”）和我一起到杭州，他亲自找了校党委第一把手刘活源同志，要我把这本书的责任顶起来。在经过了多时的商榷以后，学校基本上同意在业务上由我去做，但其他事务还是要请复旦负责。这样，加上我自己明年招研究生的准备工作，稍晚一些成立历史地理研究室的准备工作，同时还要照顾一下外国地理和翻译工作，我的工作就显得忙碌不堪了。几天前，复旦寄来了第一批要我审定的稿子（我们商量好，先由我看，四月中，复旦邹、张二位来杭，到五月下旬，再去西安最后定稿），也寄来了邹逸麟同志的信，从信上看，谭先生的病情是很严重的，他们已经不再考虑他的工作。这真是历史地理学界的莫大不幸。另外，研究生还打算招。这当然是你最关心的事，我摘抄了这两段附上，让你看一看。

我把复旦的信让系领导看了以后，初步有了这样一个意见，我想把这意见告诉你，供你参考。但是这是一个很初步的想法，你不要为这种意见所约束。我之所以考虑这样的意见（领导同意），也是不得已的，是客观情况发生了重大变化以后的无可奈何的措施。你假使认为这个意见不合适，就毫不保留地告诉我，我们可以作罢，因为事关你这样一个孜孜好学的人的前途，是不能马虎的事。

在谭先生病倒以前，我是绝无把你作为我的研究生这样的想法。我想把你介绍给谭先生作研究生，在这样一位全国历史地理的权威教授的培养下，你必然是能够做出一些成就的。虽然也有人和我提过要你的事，但是我觉得，不让你进入谭先生门下而攫为已有，对公来说，这是大大损害了党和国家培养人才的政策，对私来说，这更是牵涉到个人道德的事，我当然是不会做这样的事的。最后，我终于得到了你的同意，把你介绍给了谭先生，谭先生也很欢迎。我觉得此事做得很满意。却万万想不到事情在短时间中竟发生了如此重大的变化。现在，谭先生的身体即使万幸而好起来，恐怕相当长时期内也不可能再工作了。而实际上，根据具体情况，地理所和复旦本身都已经很少再作这样的考虑。无情的事实摆在面前，我不得不再一次考虑到你的问题……（编者注：此处有删节）。为了此事，我思想很沉重。最后我还是向这里领导谈了自己的看法，领导同意要我把这些情况告诉你。因此，我就告诉你如下的想法：假使在目前这样的情况下，你不愿再去复旦，那么，你可以到杭大来，因为今年我不招研究生，我们可以先调你来（或者是借你来，若调有困难的话），协助我搞点历史地理的筹备工作，明年起正式成为杭大的研究生。想法就是如此，供你参考。我是因为感到自己有责任，所以才这样的和盘托出，把情况和你说了，但你千万要独立思考，更不要因为情面难却而随和。另外，事可讲情面，做学问的事，是没有情面可讲的。

因为事情发生了不如意的变化，我心绪比较紊乱，所写得也很紊乱，你仔细考虑吧。

匆匆，祝

好！

陈桥驿

〔1978.〕3.9

（后附邹逸麟同志信件摘录）

这几天内，谭先生仍有黄水从腹中流出，经广慈医院外科方面权威会诊，认为是脑神经中枢出问题后引起的胃出血和十二指肠穿孔，目前因体力过亏，不能进行大手术，暂时在腹腔上插管引流，希望其能自行愈合，如果实在不行，只好动胃切除大手术，故现在仍施行保守疗法，观察一个短时期再说。昨天去探望，说又患上感冒，有发烧现象，正是一波未平一波又起。我们只希望他能早日恢复，少吃苦头，工作什么的，也不考虑了。

（邹逸麟同志 1978 年 3 月 4 日来信摘录）

1978年3月17日

竺卿同志：

你好，来信收到。知道你愿意到杭大来，很好，我立刻和专业领导徐松年同志商量，松年同志又和系总支书记张家铨同志商量。今天上午，总支书记、夏越炯同志、松年同志和我四人又一起在总支商量，谈论的结果大概是：按照目前的办事效率，要把你立刻调过来是困难的，为了专业的发展，松年同志口袋里有一张30人的名单，都是想设法调进杭大的，其中有些人就在杭州市任中学教师，但至今一个都还没有调到(松年同志这段时间可以说天天为此而奔波)，内中有许多困难。而他们谈的，我实际上也不完全懂得，因为我完全没有这种经验。他们最后的意见是，先借过来，再设法调(安徽有一个金绍禹同志，也用这办法，不久就可报到)。据夏越炯同志估计，现在直接就调的话，等调到，起码要花一年多时间，到那时，已经考了研究生了，那就名正言顺，也不必再调了。但是要借，对方是否同意，没有把握。夏越炯同志的意见是派一个人到温州专门联系，但人得地理专业派，地理专业目前正忙得焦头烂额，根本派不出人。最后商量是，由我先写一封信给你，要你向领导摸一摸，是否同意借；徐松年同志也写一封给你，大体也是这个意思(因我只代表个人，他代表领导)，等你复了信以后，然后再由系总支发信，和你们领导商量。此信到后，松年同志的信大概不久也可到了(他的信可能寄红专学校)。

我现在的想法是，你目前不应放弃复旦的报名，因为第一，调的问题，现在看来的确是要拖延岁月的，借的话，虽然手续简单，我看也非个把月不办；第二，虽说这里明年招考研究生（大概二人），但时间还有整整一年，假使说万一在这期间又有什么政策变化（这是以往的工作中所常有的），那你的损失就太大了，我也负不起这样的责任。因此，为万全计，我认为你应该照样报名，照样温课备考，这反正是没有害处的。要是你来了，和复旦的关系，我将能较好处理，不至于有什么问题。问题是在从借到调，从调到成为研究生，这个过程，还需要一年时间，这个过程中的把握不可能认为是百分之百的。今天上午讨论时，松年同志提出：为了使红专学校愿意把你出借，我们应该告诉红专学校，明年，我们也招研究生，无非是时间上比复旦迟了一年。当时，张家铨同志就说：我们只能这样告诉他们，我们明年可能也招研究生（编者注：原件中“可能”二字下有着重号）。这就是他老于经验的话。的确，长期来的经验告诉我们，稳定是相对的，变化才是绝对的。希望你考虑一下。

凡牵涉到你调动的事，你的来信我都是必须交领导阅看的，因为否则就无从谈起。因此，你来信的措辞必须注意。为了你也可以交我的信给领导，我另外又写了一封简短的信供你使用。

此致

敬礼！

陈桥驿

〔1978.〕3.17

1978年3月17日

竺卿同志：

你好，来信收到。知道你愿到杭大来，领导也支持你，很好。按照你的基础和你的学习精神，你肯定是会在历史地理学上做出贡献的。接到信后，我马上向领导做了汇报。今天上午，系总支书记等几位领导同志和我，又一起商量了这件事。大家的意见是：你来，我们很欢迎，但是根据历来调人以及现在正在调人的经验，即使是进行得很顺利，也非一年多时间不办，何况省教育局目前已不同意在中学教师中调人。因此，为了手续简单而快速，系领导同志认为是否能先借调，然后再设法办调的手续。但这样做，不知你们领导是否同意。系领导要我写一封信问你，地理专业领导徐松年同志也准备写一封信给你，请你考虑一下，同时也征求一下领导的意见，然后写信告诉我。

此致

敬礼！

陈桥驿

〔1978.〕3.17

1978年3月23日

竺卿同志：

你好，20日来信收到。但你13日来信后，我在向总支汇报后，曾有一封较详的信给你（比松年同志发出得早），为何尚未收到，请查一查。

我在那信中告诉了这里努力争取你的情况，但一致意见，认为调是很困难的（根据摆在眼前的许多经验），首先只能借，但不知你们那边是否同意？我在那信中写了我们讨论的情况。同时，我也告诉你，绝不能放弃复旦的报考，仍然要加紧温课备考，复旦那边，我会打招呼的。此外，我也提到，你写给我的有关工作调动或报考研究生的这类信，我都是要交给领导阅看的，因为否则就谈不清楚问题，因此你来信措辞要注意。

今天读你来信，知道你想做的正和我想的一样，那就很好。调动很困难（省教育局这一关极难），借调又不肯，在这样的情况下，当然应该加紧温课备考。

谭先生的病是一件很大的不幸，我们希望他能早日好起来，因为这对历史地理学界关系太大了。

我这段时期可以说忙得不可开交。因为翻译和历史地理夹在一起，所以只好匆匆地写这一点。

祝

好！

陈桥驿

〔1978.〕3.23

1978年4月7日

竺卿同志：

你好，来信收到。松年同志也给我看了你要毛必林同志带来的信。现在，情况反正已定，调、借都有困难(今天我也看到了毛必林，他告诉了我一些情况)，你应当一心一意地抓紧备考。本月下旬，邹逸麟、张修桂二同志要来杭讨论稿件，我会和他们谈你的事的。俞康宰同志从上海回来，告诉我报考谭先生的研究生人数很多(实际上，谭先生躺在床上，报名的人中恐怕绝大部分还不知道)，这也不必怕，因为我知道你是有底子的。备考总是忙的，但你也得注意劳逸结合，不要太紧张了。我家老三，论年龄不过24，论资历实在只有小学毕业，他报考浙大的偏微分方程研究生，我尚且叫他别太紧张(他是工人，现在仍照常上班)，何况底子很厚的你了。你们初试的时候，我和邹、张等大概正在开封或南京开会(定稿会)，这当然是一个不利条件，但是也无妨。因为你的报考，他们研究室领导是知道的。你信后说的那个办法不必考虑。

我可能是稍稍忙了一点。有些事是摆脱不了、额外加上来的。忙一阵以后，总得定下来，像现在这样，总也不能长此以往的。

匆匆，祝

好！

陈桥驿

〔1978.〕4.7

1978 年 5 月 1 日

竺卿同志：

来信收到。你最近一定很紧张，临试前夕，这是势所必然。你不必有所顾虑，沉着努力，勇往直前，祝你旗开得胜，一举成功！

今天早上接到复旦电报，邹、张二位将于三日上午抵杭，讨论《历史自然地理》稿件，你的问题，届时我会和他们二位商量。当然，在学术问题上，我从来也不会向人家求情，但是我必须再一次告诉他们关于你的学业基础和历来好学的情况，要他们充分重视。总之，像你这样的基础和努力情况，进入高校，这是势所必然，这也完全符合党和国家的利益。谭先生已经脱离危险，但要能起床工作，距离还很遥远。不过这毕竟已经很幸运了，希望他恢复得快些，这也是历史地理学界的共同心愿。

这次在杭州的讨论为时约需一周，接着我可能还要去沪一行（为了翻译工作），然后到开封或南京参加定稿会议，可能要到七月中旬才能结束。

寄来的地理复习资料收到。我看到过几种这样的东西，无疑是你所编的最好，使我很高兴。也正因为好，有人很想要一册，假使你手头还有，请再寄给我一册。

试期临近，特别要注意劳逸结合，晚上睡眠尤需充足，不慌不忙，稳扎稳打。

祝

好！

陈桥驿

〔1978.〕5.1 夜

1978年5月3日

竺卿同志：

日前发出一信，想已收到。今天上午，邹、张二位已抵杭。他们一到就和我谈起你的事。目前通过和复旦联系而报考谭先生研究生的共14人（估计不经联系而自行直接报考的也会有一些人，但数量不会多），在通讯中，他们已认为你和另外一位基础最好。邹告诉我已寄了什么给你（我没有听清楚）。我再一次把你的情况告诉了他们，以引起他们的重视。因此，在这临考前夕，你一定要沉着镇定，以满腔信心迎考。因为在复旦，已经对你引起重视了。

谭先生仍然卧床在院，半身活动困难，据医生估计，要使麻木的半身逐渐恢复，起码得有几个月时间。邹、张二位在杭约有周余时间，然后我们将在外地举行正式的审稿会议。

祝

好！

陈桥驿

〔1978.〕5.3午后

1978年6月20日

竺卿同志：

我是上月底从南京转来开封的。由于一本书的责任最后落到我头上，实在忙得不可开交，没有时间给你写信。但是今天我不得不写此信给你，告诉你有关你试场失利的消息。我是今天上午复旦周维衍同志写信给在此定稿的张修桂同志才知道的。几方面凑在一起造成了你的失利：报考的人出乎意料的多（34人）；录取名额最后又被缩减为二人（可能和谭先生身体不好有关）；执行择优录取的政策后，在分数面前谁也不敢表示其他意见（当然，应该承认，有一些分数考得很高的人，其业务确实也是高的；但有一些则未必）。这样，他们最后决定按分数次序让五个考生复试，你没有列在其内。现在还不知道你的第二、三志愿的情况如何。总之，这一件事，对你我二人都是一种打击。但愿你经得起，咬紧牙关，再苦干一年，明年到杭大地理系来。我现在又忙又累，恐怕要七月初才搞得好。希望你决不要气馁。

祝

好！

陈桥驿

〔1978.〕6.20夜

1978年7月21日

竺卿同志：

我是十五日才从武汉返杭的。回家就病，发烧到39℃。松年同志告诉我，你给了他信，他也回了你信，接着就接读你14日的信。因为病，所以迟写信。你的《计划》也看到了，很详细，提不出什么意见，希望在各课程中能既重视传统理论，也反映最新的科学成果，多订一些本专业（包括边缘学科）的外文期刊，坚持搞下去。这样，使温州成为浙江的另一个地理学中心是很可能的。

对于你自己，不要老把此事放在心上，要作“塞翁失马”的想法。你再安定一下，仔细地、冷静地筹划一下，然后我们再来商量，还是留在温州搞你的事业，还是到杭州来进修一段时期，反正还有足够的时间考虑，用不着过分着急。你是不会放松对业务上的要求的，这一点我很放心。

承关心我们老三的事。他比较侥幸，初试在浙大数学系的几门招研究生的科中，获得第二名，复试成绩也还不错。结果待定。

发烧刚退，人还不大好，搁笔。

祝

好！

陈桥驿

〔1978.〕7.21

1978年8月9日

竺卿同志：

七日函悉。我明日去北京开会，匆匆涂几笔给你。

知道复旦可能将你的试卷搞错〔的事〕，在经过“四人帮”长期干扰后，制度不严密、行政效率不高的情况下，这种差错的可能性是存在的。你去函要求查对清楚的作法是对的，事情在他们查对并复信后再说。无论如何，他们复信中的“世界通史”是绝对错误的。不过事已如此，不宜操之过急，只求把事情搞清楚，这样就好了。

我们原估计你会去海宁，徐松年老师去了，他本来预备到海宁找你面谈一下，然后要你回程时到杭州和我面谈一下。我原来也要去海宁，因临时来了南师地理系的李旭旦先生，我要陪他，就没有去成。本来，为了以后的计划，面谈一下很有必要。既然你不来，这机会只好留待稍后。

你在学日语，很好。不过，我觉得普通自然地理要好好复习一下。复旦只考中国地理，我觉得不够，我打算考地理学基础，包括中国地理和普通自然地理，后者以卡列斯尼克的《普通自然地理学简明教程》为主要参考书。

匆匆，祝

好！

陈桥驿

〔1978.〕8.9

我在北京不超过十天。

1978 年 8 月 26 日

竺卿同志：

我已于日昨从北京返杭。此次去京，参加了《中国自然地理》编委会，并列席了中国地理学会在京理事会，全国地理学会的工作正在迅速开展，形势甚好。

明年二季度，中国地理学会在西安举行学术会议，我在京为此会草拟了一份计划，杭大是此会议的筹备单位，而我杂务甚多，实在觉得孤掌难鸣。

你近况如何？我去京前曾匆匆寄你一信，未知有否收到。

杭州苦热，工作效率甚低。

匆祝

近好！

陈桥驿

〔1978.〕8.26

1978年10月9日

竺卿同志：

信件均悉。《计划》和《中国地理》还没有好好看，但是我知道，许多东西都是你唱独脚戏唱出来的。一个学生出去没几年，能在外面这样独当一面，做老师的实在也可以引以为慰了。你有机会来杭一次，当然更好。毛必林同志即日去金华转温州，会去看你，行前来过我家一次，问我有什么话和你说，我想你反正可能来，就大体和他说了几句，他大概不久就到你那边了。

抽空去和朱烈同志商量一下，他过去曾写过温州历史地理论文，因为浙江人民出版社委托谭其骧先生和我主编一本《浙江历史地理汇编》，我们想把他的这篇论文收进去，但是希望他能改写一下，写历史时期的过程，清以后不要，重点再突出一些，字数最好不要超过1万，外加插图。时间稍缓一点没关系，因为谭先生病，我忙，书总得明年底可以出版。

祝

好！

桥驿

〔1978.〕10.9

1978年12月28日

（姜竺卿先生原定为1979年，恐误，应为1978年）

竺卿同志：

信悉。知你已决定与朱良灏老师合作承担浙江地理小丛书《浙南名城——温州市》一书的写作，很好。我已与省出版局取得联系。请你和朱老师在最近商量出一个写作提纲，包括交稿日期，函(？)寄浙江人民出版社文教室琚鑫圭同志，写明是由我叫你们寄的，以便他们提出意见，并列入出版计划。

我甚忙，祝

好！

陈桥驿

〔1978.〕12.28

1979年3月18日

竺卿同志：

信悉。知朱老师已返温，甚好。

研究生事，浙省各校招考目录已印就，不日就可发至地、县。我的情况按计划不变，你仍可按过去已准备的继续准备。这里联系报考的已有10人左右，但水平看来一般，故你尽可抓紧温习，不必来杭，以免浪费精力。我于五月中去西安开会，试期大概赶不回杭州，但阅卷录取之时，必在杭州，去北京校对稿件，当在研究生录取工作以后。

知《浙南名城——温州市》正在赶写，甚好，但希能经常与出版社文教室取得联系。此事我已与朱老师谈过，想已和出版社联系了。

朱烈老师稿已寄到，我已复信给他了。书看来要到1980年底方可出版。

你的英语水平不错，是否以考英语为妥。但我不知你日语水平如何。最后还由你自己衡量决定。

忙极。匆复，祝

好！

桥驿

〔1979.〕3.18

1979年4月19日

竺卿同志：

信悉。知已报名，甚好。

中国通史考试内容反正是从夏商周到元明清，郭著不足，范著亦不足，可从其他书上补足。因为市面上只有这些书，所以只好开了这些书。实际上，只要能掌握史料，我看读《资治通鉴》可能比这些书更好些。不过，题目系历史系所出，他们有他们的行情，范著可能还是权威，在目前的出版物中，只好如此。

史念海先生最近刚有信来过，寄来了不少文章，他69岁了，有这样的干劲，确实值得佩服。侯仁之先生也在埋头写作，前天《地理学报》寄来他的一篇城市历史地理的大作，要我审稿（编者注：侯仁之，《城市历史地理的研究与城市规划》，载《地理学报》1979年第4期）。我怎能审他的稿，拜读而已。

祝

好！

桥驿

〔1979.〕4.19

1979年6月26日

竺卿同志：

前函谅悉。知你正在写作《浙南名城——温州市》，希与朱老师商量，加紧写作，设法在暑假中结束（至少是你承担的部分），不要再拖。设若未竟，其余的部分和全稿润色可请朱老师负责，你的部分务须在假期内完毕。

写作中要注意的是，这虽然是一本地理书，但在目前形势下，要适当照顾旅游。

匆此。并致

敬礼！

陈桥驿

〔1979.〕6.26

1979 年 7 月 20 日

竺卿同志：

有一个不好的消息，但我又不得不告诉你。关于今年研究生录取的事，由于最近教育部颁发了硬性的规定，因此就发生了问题。

原来事情是比较顺利的。我从西安返杭，就要系里查你的考试成绩，结果是查到了你的专业课的三门成绩：古汉语 60，通史 68，地理学基础 71.5。在实际参加考试的四人中，你是第一，并且都及格（虽然说不上好）。因此我决心把你取下来，松年同志接着去无锡开会，临走时也嘱我把你取下来，所以我才写信复你，要你作来杭州的准备。但是却想不到最近连续发生了两件完全出我意料的事。

第一件事是公共课（外语、政治）的成绩揭晓了，我原来估计你对这两门，特别是外语，应该不会很差，至少及格总是可以的，但却万万想不到，两门中，每门都只得 45 分。要不是接着又发生了第二件事，按照去年的办法录取，我还是可以把你取下来，当然，这样〔的〕外语成绩取下来，是会授人以话柄的，但是由你的原任外语老师马孟超先生曾推荐你的外语不错，我们还可以请他来出来作证。却不料紧接着又出现了第二件事。教育部改变了去年各自录取研究生的办法，而颁布了必须“严格执行”的统一标准。这件事的本身应该是正确的，因为去年有些学校的确录取了一些并不成材的研究生。部颁规定的研究生录取标准，必须符合三项杠子：①五门功课总分在 300 分以上；②三门专业课成绩在 180 分以上，其中任何一门不低于 40 分；③外语成绩在 50 分以上。另外，还有“破格录取”的规定，破格录取的条件是：①专业课成绩优秀（经解释，在 80 分以上），②五门总分不到 300 分，或外语不到 50 分，但相差在 1—2 分之间。

在这个消息传出之后，但尚未看到正式文件之前，松年同志和我都还打算为你提一提“破格录取”的可能，等到看到正式文件，这个希望也就没有了（只有数学系有一人“破格”，也是外语不够，但专业课接近 90 分）。根据这个规定，理科许多专业（包括历史地理）的招生计划都只完成 0%，有的整个系（如物理、地理）的招生计划完成 0%。但教育部的目的是统一规格，严格质量要求，我认为还是做得对的。

对于你，应该经得住这种考验，埋头苦读，因为经过两度考试，说明基础确实有不足之处。在地理学领域内，你的面还可稍稍宽一些。希望在埋头苦读的基础上，写出有一定水平的论文和专著，我将会尽我的力量帮助你解决发表和出版的问题。

接到这样的信，你的心境一定会很乱，但是要设法镇定下来。这可能就是你一生中坏事变好事的关键，发愤苦读若干年，以抵于成。仅仅从你有志于学这一点，我就会尽一切可能支援你的。

祝

好！

陈桥驿

〔1979.〕7.20

1979 年 9 月 6 日

竺卿同志：

我去秦皇岛开会，回程中又在天津做了一些事，昨日刚返校，接读了你的信。

这次的事，事出突然，使我也很灰心。我已经宣布，几年内不再招研究生。许多人怪教育部，但教育部我看还是正确的，因为去年的确有不少学校滥招。我最清楚的浙农大就是这样的例子。全国之大，教育部不再插手看来确实是不可收拾了。你所说温州的情况，考分高不取而考分低录取的情况，只要考分低的仍在教育部的三条杠子之上，情况是正常的。因为各科的考生不同，有的科，成绩总的都很好，就按原定额来（？）录取，所以考分虽高而仍然落第，这里中文系的现代文学研究生就有这样的情况。不过外语 30 分而仍然录取，按杭州和我在京、津看到的情况，那是决不可能的，因为破格录取必须由省招办报请教育部批准。而且所谓破格，教育部明确指示只能降低 1—2 分。上次告诉你的，数学系准备破格录取的那一位，因为是我家老三的好朋友，我很了解，可以为例。他是初中二年级生，一直在兵团里，高等数学甚有造诣，77 届录取丝绸学院（因兵团鉴定说他劳动不好），在丝绸学院数学竞赛第一。这次应试，三条杠子中符合二条，业务课而且甚佳（80 分以上），但外语 44.5 分。在各系参加的那次会上（我参加了），经数学系介绍后，大家一致同意破格（年龄也小，仅 25 岁）。结果，上报省招办，省招办认为 44.5 不符合教育部指示降低 1—2 分的标准，表示有困难。数学系为了替他再次上报，打电报叫他从绍兴出来，由白正国先生进行了当面复试，成绩(业务)优异，再次报省招办。省招办不作决定，转报了教育部，部里至今尚无消息，据说希望很小。他只好照样上丝绸学院去了。因此，破格录取的事教育部也是直接插手的。我这次到过的学校，如北大、北师大、南开、复旦、〔陕〕师大等校，在研究生问题上都发生这类不顶愉快的事，大家议论纷纷，许多人责怪教育部。当然，教育部有缺点(主要是试题不曾全国统一，却定了全国统一的三条杠子)，但是全国之大，像去年不少学校降低标准的滥招，不插手实在是不行了。

你的情绪必然很不好，这个非常难怪的，我也弄得十分被动，因为你的科研题目、学习内容、野外工作等都已经安排好了，现在全盘都得改变，实在拂逆太甚。但是从另一方面，还得平心静气地考虑：射有似乎君子，失诸正鹄，反求诸其身。先把心定下来，再继续前进吧。

因刚返校，要处理的事很多，匆复。

祝

好！

陈桥驿

〔一九七九年〕九月六日

1979 年 10 月 3 日

竺卿同志：

你好，信早悉，因国庆前稍忙而迟复。知情绪已渐安定，甚好。一切必须面对现实，如同走路，一径不通，只好另走一径，反正目的相同就好了。我这里，因你不能来，原来准备好的步子也全部打乱。当然，从另外一方面讲，我可能因此而稍有一些时间。因此，决定在这一二年内把外面的约稿、需要出的几本书出了，建立研究室之类的事情放到以后再说了。有一位助手（编者注：指吕以春先生），很不错，原来是调来帮我搞研究室的，现在就帮我整理文章，但主要还是他自己写点东西。

你也应该作一个较长期的计划，脚踏实地地搞一点东西出来。温州的环境还是较有利的，地理界的力量，我看相当扎实，这是一个很好的条件。

来信谈的上海降低标准录取研究生的事，确很奇怪，不知教育部怎的能批？根据杭州和我在外省看到的，都是很严格的，上次说的考数学系的那一位，白正国先生极欣赏他，为了想破格录取，打电报要他出来（暑假时）面试，也很满意。这次假期，他到我家来了，仍在丝绸学院。因为省招办把杭大的报告转教育部，教育部至今没有批复，看来没有希望了。

祝

好！

陈桥驿

〔一九七九年〕十月三日

1980年1月25日

竺卿同志：

久不通讯，近况可好。去年不幸失败，情绪不知是否已经恢复。当然，最重要的是信心与勇气是否已经恢复。我曾托朱良灏老师做点工作，想他一定与你谈过。我因学校的要求与系的催促，今年决定再次招考历史地理研究生，内容与去年完全一样，你是〔否〕愿意再考，便中希告诉我一下。

此祝

近好！

桥驿

〔1980.〕1.25

1980年1月30日

竺卿同志：

信悉。我这次招研究生，实际上是在侯仁之先生的竭力敦促下作出的决定。那时我在北大开会，系里来电报要我报名额，我本来想不招，与侯先生商量，侯先生认为非招不可，因为地理系招历史地理研究生的，除了北大还没有第二家，所以他竭力催促我立即复电同意招生，我才这样复电招生。这次在上海开会，谭先生和史念海先生也都认为我非招不可，这样，我也就更心安理得了。我希望你报考的原因是，因为据我的估计，你是可以培养成为一个高级科研人员的，在中学里过一辈子，可能是浪费了人才（我不是说在中学里就没出息）。当然，要成为一个高级科研人员，除了我的主观愿望外，主要还要靠你自己的努力，尽量让基础扎实起来（去年这里的专业科阅卷是不会有错，经得起检查的）。外语，在第一外语没有十分把握时，暂时勿搞第二外语（我大儿子已经掌握了一万个单字，远远超过了一般的外国人，但主要精力仍在第一外语上）。国家总要发展，总得要一批高级科研人员，虽然这批人在全国总人口的比例上是极少极少，但总得积极培养，这是我希望你报考的主要原因。

家庭问题是必须重视的一个现实问题，只能由你自己权衡安排，但必须重视，因为这个问题是避不开的。经济问题也是一个现实问题，是每天都面临到的，特别是当一个研究生，除了工资外，其他是什么也没有的。我的大儿子从一个二级工转为研究生，每月实际上要少拿到二十元，这对于经济稍差一些的家庭，当然也是有影响的（他因为马上就出国，这个问题不存在了）。总之，你要经过仔细考虑，然后决定。但一旦决定考，那就得摒弃一切，专心备课，打一场硬仗。总之，决定要慎重。决定不考，就算了；决定要考，得下大功夫。我因为极忙，不能详细写，可能语不达意。

祝

好！

陈桥驿

〔1980.〕1.30

1980年2月28日

竺卿同志：

临行接读你来信，已悉。

你经过深思熟虑，决定不考研究生，这样也好，读书并不一定要在什么学校出身，我就没有念什么大学。而且，读了研究生，将来必定留校，家庭问题还有一重困难，这也是我早就想到的，因此，你的决定，还是对的。希望你安下心来，在工作岗位上做自己的学问。

我到北京科学出版社处理一部稿子，约需半个月时间。

将来你有机会到杭州来走走，我到温州的可能性不大，主要是没有时间。

祝

好！

陈桥驿

〔1980.〕2.28

1980年4月14日

竺卿同志：

我上月三十日晚车去沪，那天上午接到你来信，我无法即时通知你，使你走了一趟空，甚歉！

我昨日始从沪返杭，参加了半个月的《大百科全书》编写会议，事情还远远没有结束。

你提出的两个问题，都是事关重大的问题，我不经过深思熟虑，不好随便作答，俟我稍有空闲后考虑作答。但总的是一条，有志者事竟成，只要刻苦努力做学问，绝大部分总是成功的。

我因马上又要去北京开会，不详谈。

祝

好！

陈桥驿

〔1980.〕4.14

1980 年 4 月 20 日

竺卿同志：

您好，信悉。因我明日就去京开会，匆匆写此一信。

你此次在系里听到的一些话，纯系误传，请勿传扬。不错，我是愿意为系里做一点事的，对于全系的学术荣誉，我是关心的。但我只能作一些我力所能及的推动作用，像我这样的脾气，特别对于学术问题上的耿直脾气，不宜涉足过深。因恐你误传，特告知。

知道〔你〕愿意搞历史地理，这当然是很好的，做学问的其他条件你是具备的，我不必多说，只是还有一条，我不得不告诫你，不管搞任何一种学问，都要长期忍受“人轻言微”的折磨，古今中外都是一样，不经受这种折磨的，只是极少数，甚至是极个别的，愿你作好思想准备。

祝

好！

桥驿

〔1980.〕4.20

1980年6月27日

竺卿同志：

信件均悉。知你工作很忙，这是好事。锲而不舍，金石可镂。你说的总有一日要破土而出，这话我最高兴，也是一定能做到的。

不要因为工农兵学员的帽子而丧气，社会上对工农兵学员之所以看不起，主要是两条：第一条是来路不正（极大部分都是走后门的），第二条是不学无术。其实，第二条是主要的。所以，只要业务上出人头地，大可不必因此而懊恼。

计划编进修教材，很好，不过杭大地理系现在看来近期没有这种力量。我是忙得团团乱转，当然也有较空的，但看来没有人会出头搞这件事。肯出头的，别人就未必要他。但这不碍大局，你还是按计划进行，有些问题，以后总可解决。

徐的事，我原来不知道，上次你信上说了，我也莫知究竟。月前叶康先来我家一次，才告诉了我此事，做法当然不好，但对你们来说，应该严以责己，宽以待人，一个真真搞学问的人，不要多计较这类事。当然，我们希望他改正（他已年过六十，要改也不易，算了）。

我正在为一些美国学生讲地理课（真真的美国人），用外语对外国人讲课，在我也是生平第一次，所以比较吃力，但别人都不愿干，我也只好勉为其难了。所以不能写很多，潦潦草草地到此。

祝

好！

桥驿

〔1980.〕6.27

1980 年 7 月 20 日

竺卿同志：

17 日信悉，因为洋学生刚走，稍稍有一点时间，就给你写信。

你的努力和抱负，我十分赞赏，只要坚持下去，是一定可以得到成功的。

书的问题，说到底，现在是个出版问题，因为出版界刮起了一阵风，一切向“钱”看，有钱赚的，他们才干。要赚钱，对他们说有两条：第一，俏货：如《飘》、《啼笑因缘》（编者注：此处顿号按现行《标点符号用法》应删去）之类；第二，要有一位名人领衔，因为这样，在亏本时可以少亏本，而且，还可以向外吹嘘，“为了科学，我们也出亏本书”。一个星期前，地理所郭敬辉所长给我一封信，说他组织水文室的同志写了一本《中国的国际河流》，十万字，能否在浙江科技出版社出版。你看，以他的地位，在北京、上海都出不了此书（因为必定亏本），居然搞到浙江来。对于这样的事，我也只好“相应函达”，因为省出版局第一把手刘新华是郭在老解放区的老战友（两人同时当中学校长），我就把他的信一转了事，至于科技出版社（头头我也熟）是否买刘的账，就很难说了。因为奖金问题是个实质问题，不能强迫人家亏本哟！我看这种情况还得持续一段时期。因此，你的工作在这方面要有受挫折的思想准备，但是决不要因此而气馁。现在，不管哪一个有点名望的人，他们也都从挫折中过来的。至于我，只要是可以帮助你的地方，一定会帮助你的。

暑假按兵不动也很好，多读点书，是最实惠的事。我因为洋学生上课而花费了个把月时间，现在杂事堆积如山，根本谈不上休息一下的事了(省工会给学校几个雁荡山休养的名额，我已婉谢)。“四人帮”耽误了我们多年，现在只好多做点工作了。

研究生十人报名，录取一人(编者注：本年度录取的研究生为乐祖谋)，成绩不错，除了政治只58分外，其余均达80分或超过80分，是上海第六师范教师，老三届高中生，但读的是华东师大中文系，因此，自然地理的课，尽管卷面成绩不错，总还得补一补。

匆匆，并祝

暑祺!

桥驿

〔1980.〕7.20

1980年9月21日

竺卿同志：

你发生的事故我早已知道，事情既然发生了，我除了默祷你的平安以外，就是希望你能安下心来，千万不要悲观和急躁！我所以没有写信给你，也就是为了不使你因杂事而分心，能安心养病和治疗。

你一定要尽力保养你的脑子，只要脑子的思维不受影响，即使身躯受了一点损伤，这是毫不足道的，是仍然可以大有作为的。因为如此，你必须安心静养，切忌悲观，切忌左思右想，把一切要考虑的事情统统地暂时丢开。

天无绝人之路，你一定能够否极泰来！

祝

早日恢复健康！

陈桥驿

〔1980.〕9.21

1981年1月8日

竺卿同志：

我因几月来身体一直不好，昨日勉强到系里开了一个地理学会，叶康先同志告诉我，您已能策杖而行，真是天大喜讯，望你好好养病，绝不能急躁，恢复总有一个较长过程。月前朱良灏老师来家里看我，曾告诉我你好转。现在好转颇快，可见你的恢复能力不错。愿上帝保佑你早日复元。

你不要写信给我，更不必请人写信给我。到我家来的人不少，你的情况我自会知道。

祝

好！

桥驿

81.1.8

1981年3月8日

竺卿同志：

不知你身体近况如何，常在念中，趁我女婿周复来到温州出差之便，要他去看看你。还希望你安心养病。

我自从去年十月起，身体一直不好，以至于今，心中亦甚烦恼，但也无可奈何。

祝

好！

陈桥驿

81.3.8

1981年6月4日

竺卿同志：

来信收到，知道你身体基本恢复，真是一个奇迹，以后千万要当心了。去年你出事后，系里松年、裕祥、阿多诸老师都很惦念你，省地理学界毛必林、王效乾、叶康先诸同志也都很挂念。现在能在这样较短时期中恢复，实在是大幸，特别是仍然能坚持把书写出来，并且写书的时间也有了保证，希望你善自为之。一个青年人要在学术上建立一点地位，说实话是颇不容易的，实际上是有多少人在竞争着，你已经有了登堂入室的条件，仍望锲而不舍，以抵于成。

我的病在四月初才查明，是脊椎骨4—10节老年性肥大，没有什么特效药。问题是工作的头绪太多，会议太多，前天晚上刚从北京回来，因飞机发动机故障，抵家已七点半了。因昨日有课，到家后还得连夜备点课。一大堆信件要复，一大堆稿子要看，确实疲于奔命。不要说自己写文章了，下半年已经点名要参加的会议现在知道的就有六次（最远昆明，最近上海），还不知如何应付。收获主要是为教研室和系里的部分教师创造了一些搞科研写文章的条件，当然，对我来说，这也是一种慰藉了。

因为实在没有时间，今天暂写到这里，抽时间再作详谈。希望你注意身体，早出成果。

祝

好！

桥驿

〔1981.〕6.4

2000年10月16日

竺卿君：

久不见面，接到来信，不胜欣慰。

谢谢您还记得我的年龄，但因国家人事部有文，我属于不退休的教授，所以至今仍然忙碌，经常离杭外出开会，今年已外出12次，去年由台湾中央研究院邀请前去讲学，当然都由老伴陪行（她已从农大退休）。今年11月，原也由台湾中国文化大学邀去讲学，由于事忙不去，但明年中研院已来人到舍下邀请，将再度去台，年老体弱，颇多不便。

由于在杭州太忙，每天不是电话就是来人，应接不暇，很难做自己的工作，故上月避忙到绍兴，下旬才返杭为研究生讲课，因为我仍带着研究生。

知您教课很忙，当然是好事。省地理学会我只挂个名义，早已不管事务。永嘉的会我也没有时间出席。知您已有文章寄去，甚好。著书立说，原是书生本色，共勉焉。

匆此。祝

好！

陈桥驿

2000.10.16

致谭其骧先生的信

说明：

由葛剑雄先生提供影印件（照片），编辑组文字整理。

谭其骧先生曾任复旦大学历史系主任、历史地理研究室主任、中国历史地理研究所所长等职，教授；1980年当选中国科学院学部委员（院士）。

1973年6月5日

其骧老师：

自从去年来沪向您请教后，匆匆又已半年。这半年中，您的科研和教学工作一定非常忙碌，而且必然获得了许多新的成就。杭大目前除了以批修整风为头等大事外，教育革命工作也已开始抓紧。暑期招生，据云全校约为八百名，但主要是中文、外语、数学等大系。地理系现分气象、海洋地质地貌、地理三个专业，地理专业所招不过三十名而已。历史系招生较多，据闻有八十名。复旦名校，招生数量想必远远超过此间也。

不久以前，系里给我看了一个“第四次长江流域文物考古工作座谈会纪要”，知道四月中曾经开了这样的会议，特别是知道您曾在会上作了历史地理的发言，心中十分高兴。不知您的发言是否印有材料，如有，甚盼能寄我一份学习。我目前教的虽然是外国地理，而且杭大地理系亦无与历史地理有关的课程或科研工作，但我在这方面实在极有兴趣，甚望能够得到您的指导。

另外，还有一个问题向您请教。年来暇时读赵一清《水经注释》，见其常用《名胜志》一书校勘字句，并且利用此书辑出郦注佚文达十余条（如卷十一补滋水，卷十九补丰水等篇中）。但我近来翻阅了数种目录，查不到《名胜志》其书。有关名胜志一类名称的书，只在《清代文集篇目分类索引》中，见到杨守敬晦晴轩稿《舆地名胜志》193卷，当然绝非赵引之书。赵引《名胜志》或存或佚，我希望能弄个清楚，便时盼望得到您的赐教。

去岁来沪时您曾询及王驾吾老师去省馆事，我曾面询王老，并无此事。夏承焘老师周前喜得老伴（夏老原配前年去世），可以传为佳话。

匆此，乞恕草率。并请

教安！

后学：陈桥驿　上

〔一九七三年〕六月五日

1977 年 4 月 30 日

季龙老师：

在西安多蒙赐教，不胜感激。此次任务，复旦特重，这其实是势所必然。不过在您来说，忙碌也是可以想见的了。我从西安返杭后，依旧重操旧业，直到三月下旬，才暂时摆脱翻译工作，到宁波天一阁去查了一些资料，并沿浙东运河走马观花地跑了一阵，东拼西凑，搞了一个浙东运河资料。因为原来底子单薄，加上此调不弹已久，自知捉襟见肘，无非是向史念海先生敷衍塞责罢了。特地多复写了一份寄上，请您给予指导。因为史先生前曾来信，将于五月间南下，可能道经杭州，则我还有一次向他更正的机会。文焕然同志约在五月下旬来杭，植被变迁比运河资料尤难对付，看来我更是无法招架的了。

杭州自揭批“四人帮”后，最近一段时期社会秩序好转较快，但供应不好，看来总还要经过一段恢复时期。上海的形势必然更好。

谨此，并祝

教安！

晚：陈桥驿　敬上

〔1977.〕4.30

1980年1月10日

季龙我师：

您临走没有去送行，乞谅。晚于八〔日〕返杭。

七日晨，史先生临时觉得二级学会的事，还需要写一个书面的东西，嘱晚即写，匆忙间写了几条，请史先生看了一看，交给瞿宁淑同志了。但瞿表示，因为钱已花完，今秋开成立大会有困难。我抄出一个副本，寄上请审阅。另外，大会发言中，关于建所的一段也抄上，这样提法，不知是否妥当。

这次出门，我看您情况不错，看来外出走动一下还是好的，不知返沪后感觉如何，为念。沈玉昌先生在这一年中恢复确实很快，大概是一种跃进。您可能也到了这个跃进的时期。诚如是，则这段时期倒要好好掌握的。

《杭大学报》已由学报编辑室寄上，想已收到。

敬祝

康健！

晚：桥驿　敬上

〔1980.〕1.10

附：

大会发言中关于建所的一段

历史地理组的代表们还讨论到：像我们这样一个历史悠久而幅员广大的文明古国，随着历史地理研究工作的广泛开展和历史地理工作者队伍的不断扩大，建立一个历史地理研究所是十分必要的。这个任务在不久的将来也必然会提到日程上来。代表们一致表示，我们一定要团结全国历史地理工作者，戒骄戒躁，迅速前进，为创造早日建立历史地理研究所的条件而努力。

〔会后受史念海先生所托起草的成立二级学会——中国历史地理学会的说明〕

学会正、副理事长，常务理事：

在中国地理学会第四届代表大会中，历史地理组的代表，经过热烈讨论，一致同意，提出了成立在学会领导下的二级学会——中国历史地理学会的迫切希望，陕西师范大学历史地理研究室表示愿意承担义务，成为中国历史地理学会的挂靠单位。所有这些，我们在第四届代表大会的大会发言中已经说明清楚。

现在，历史地理专业委员会对这个问题进行了研究，我们考虑到：

1. 在近年来国际地理学界的学术活动中，历史地理已经成为热门，许多国家的历史地理学者，对中国历史地理的研究特别感兴趣。

2. 对我国来说，历史地理学是地理学领域中的重要特色之一。《中国自然地理》一书中，就有《历史自然地理》这一分册。此书不久即将发排，出版后必然引起国外学者的更多关注。

3. 我国和外国在历史地理学术上的国际交流日见增加，历史地理学专业委员会的成员侯仁之教授即将出国讲学，而各国寄发给我国历史地理学界的著作和各种资料也日见增加。

4. 我国历史地理学的研究成果，较之以往也有大幅度的增加，1979年送交西安会议交流的论文达 90 余篇，本届大会上交流的论文也达 40篇。《历史地理》编委会已经组成，今年第二季度即将出版第一期。

5. 我国历史地理工作者的队伍，较之以往也有很大增加。1979 年出席西安会议的代表即超过 80 人，还远远没有满足各方面的要求。

根据上述情况，专业委员会认为：历史地理建立二级学会的条件已经成熟，因此，我们在这次大会中，根据代表们的建议，成立了由谭其骧、侯仁之、史念海、陈桥驿、钮仲勋五人组成的中国历史地理学会筹备小组，进行各项筹备工作，准备在今年秋季的适当时期，在西安举行成立大会和第一次学术讨论会。

以上情况请学会领导审核。

历史地理专业委员会

1980.1

1980年5月26日

季龙我师：

开地名会议结束返杭后曾寄上一信，想已收到。您一定忙得不可开交，但是我偏偏又有一件事不得不求您。

情形简单是这样的：去年十月，我接到耶鲁大学历史系一位教授James H. Cole（汉名柯慎思）寄来一份《宁绍地区方志目录》，是史丹福大学人类学系William Skimmer（汉名施坚雅）教授主编的，柯慎思信上说我可以随意选择目录上我所需要的东西，他可函知施坚雅寄来胶卷。我看中了美国国会图书馆藏的乾隆钞本《越中杂识》，因为我做过绍兴地方文献目录，知道这是人间孤本。但我不好意思空函相求，因此急急忙忙赶出一篇《关于〈越绝书〉及其作者》，让《杭大学报》发表了（这一次周转得算是快的），一月份才复函柯慎思，除了提出《越中杂识》外，又寄去两份学报抽印本（其中一份请他转施坚雅）。他二月即复信照转，四月初，我接到施坚雅来信，除了感谢我的抽印本外，因为恐怕我没有缩微阅读器，所以特地为我制了一个复制本寄我，确是难得的好书，全本528叶，正楷钞成（一人手迹），约15万言，卷首除美国国会图书馆一枚汉文藏书章外，绝无其他收藏或转移痕迹，说明原书去国甚早。我已为此书写了一篇短文送《杭大学报》，以便发表时送他抽印本，以表秀才人情。

在此事中间，有一件节外生枝的事。此次施坚雅来信，告诉我他在1981—1982学术年中主持一项宁绍地区的研究课题（那个目录即是为此课题而编），并且向我介绍了他的研究成员（除他外，有芝加哥大学、智利法尔巴来索大学、大阪大学教授各一人），他本人明年十月来中国参加中美社会经济史会议，并将来杭和我见面。因为这些远隔重洋的学者已经研究到我们的鼻子底下，因此我们也不得不招架一下，凑了几个人，也把宁绍地区搞一下（他信上提出要求合作），我向学校科研处弄到一点经费，准备在明年十月施来到前，由《杭大学报》出一个专辑，专辑中除了把我们过去发表的这个地区的研究成果收入外，再组织一批新作，以便和施交流（估计他一定带些东西来）。因此，我想求您，能否挤点时间为我们这个专辑写一篇（可以一物两用，《浙江历史地理汇编》也可用），地区在宁绍（从萧山到镇海），字数和内容均不拘。因为施坚雅是位老教授，专辑上有您一篇，我们就能挺起胸膛了。明年春节以前交稿，不知您在这中间能挤得出这点时间否（因为我知道您实在太忙）。

我最近总算勉强坐下来（其实也不完全坐得下来，最近又去过绍兴一次），因为谢觉民假使如期来到，几堂课总得为他们讲，必须写一个讲稿，不过两万字，但觉得很吃力，因为我的英文看来实在差，现在真真体会到"书到用时方恨少"了。将来还得讲，而我的发音更差，不知将怎样混得过去。

擎宇、先〔鉴〕二同志已来过。您能找到他们二位相助，确是太好了，不仅仅是业务过硬，他们做事的负责精神，也是值得学习的。

工调的事，说来是件好事，但实在太费周折，此间勉强完成，已经大费时间和唇舌。我看您完全不宜过问此事，充耳不闻就是了。老郭同志在北京告诉我，他完全不管这件事。

敬祝

康健！

晚：桥驿　敬上

〔1980.〕5.26

1981年4月14日

季龙我师：

您好。久不问候，上次在路上遇着〔胡〕玉堂，说起您的丹毒尚未完全好，此病能拖得这样久，确实出乎意料，大概天气稍转暖和，总是容易痊愈的。

上月底学部委员名单公布，心里实在高兴，因为这并不单是您个人的光荣，而是我们整个历史地理学界的光荣。历史地理学界有了您和侯先生这样两位学部委员，我们作为一名小卒的，同样感到扬眉吐气。我提出一个并不高的要求，您再为我们撑场面十五年，除了建立一套比较完整的理论体系外，再搞几项大型的基本建设，我看有十五年差不多了，然后您可以退居二线，当当顾问就可以了。您虽然在78年生了一场大病，但您身体的基础是好的，所以我上面定的这个指标并不高，只要日常生活注意一点，完成这样的指标是绰有余裕的。

侯先生从加拿大来信，要我在见到您时告诉您，他要五月份才能返回，中间要去多伦多，还要去美国哈佛参加齐老师的纪念活动，然后返温哥华转旧金山回国。

赛明思教授最近到了杭州，昨天晚上我们谈了整整两小时，他特地要我向您问好。他们的中国话讲得很好（是在台湾学的），应该说，他说的汉语，比我讲的英语要好得多。他这次是和几位工程师到中国考察园林建设，因为温哥华要建造一个中山公园。他明年五月到北大讲历史地理研究法和地理学思想方法一类的课程。

……（编者注：此处有删节）

我的身体似乎稍好一点，除了耳鸣以外，已经拍片证实的另一毛病是第5—8脊椎肥大。如果情况较好，我决定下个月带研究生和一位助手到宁绍一带实习一段时期，看是否能够为明年的会议凑出一篇论文。届时再向您汇报。

今春多雨而又低温，希望您注意保重。

敬祝

康健！

晚：桥驿　敬上

〔1981.〕4.14

1982年1月15日

季龙我师：

手示敬悉。《历史地理》随即收到。此书无论形式、内容都颇令人满意，假使经过广发征购信后，在销路上能够差强人意，则这个刊物的脚跟就站稳了。这是两个月内就可见分晓的事，希望一切顺利，不要再受挫折了。

《中国自然地理·历史自然地理分册》的校对本已于昨日寄到。因我不知道仅我一本，抑是您和史先生也各有一本，因此本上盖好三编室的章，规定在二月中旬要寄回出版社，作为下一次印刷的修改依据，也可能只有我处一本（因陈宾寅知道以后的校对等事都由我经手），所以我特地将此事向您汇报。大概各编委、作者以及我们登记购买的书，随即也可到了。此书形式与其他各册一样，版权页上多了一个“责任编辑陈宾寅”（现在出版社是如此规定的），全书262页，字数38万。我初看一下，虽然错字仍然难免，但比《地貌分册》大概已好得多。插图亦颇清晰。回忆77年12月到78年1月（编者注：原件中时间写作“79年12月到80年1月”，有误），您在师大主持定稿，当时各稿都还存在不少问题，经您一一厘定，这两个月中完成的工作量，现在看来，确实可观。而您的随即发病，肯定与这两个月中的特殊操劳有关（对我来说，这一段时期倒确实值得纪念，因为这是我生平跟随您时间最长的一段）。现在此书总算出版，差堪告慰。

……（编者注：此处有删节）

拙作承您嘉奖，愧不敢当，当视为鞭策；又承推荐历史地图卷，但颇感惶恐，深恐辜负您的期望。宁行（编者注：指谭其骧先生“南京之行”）想必甚好，此行事涉“棚友”，当然非同他比。老一辈进考棚，我辈进牛棚，但牛棚在人的道德品质上，仍具考棚之义。虽然此棚中均是落难人，但人逢落难，优劣自见。晚在棚中时，颇得二三君子，至今成为知交。

知谭师母病况如此，焦念奚似。但病既至此，只好尽人力而从造物。并作退一步想，如去年春节后此病猝发时即已不起，则现在比起来又算较幸了。万望您逆来顺受，多多保重。

敬祝

康健！

晚：桥驿　敬上

〔1982.〕1.15 晚

《历史地理》印刷装帧上还有一点可以改进的是，即天头上不印刊名、卷期，情况和《中华文史论丛》一样。这样做法，使其抽印本在法律上缺乏地位，寄到国外去，海关甚至会给你退回，因为“不明身份”。

1983年9月8日

季龙我师：

因为上海领事馆把我误作一位重要人物，签证意外地推迟了一个多礼拜（乐祖谋替我办签证，他和上海外办有人熟悉，才知道日本人用"红卡"送回签证，并把我称为"知日派"）。因此，我只好推迟到三日搭机到大阪，然后去京都参加东洋学会议，早出晚归，没有住在京都。关西大学文学院长在没有事前安排的情况下，临时将我插到一个组里让我宣读论文，说明"后门"也者，到处都是有的。

我去京都两天，没有见到杨宽先生，但我知道他是一位唯一用中国话宣读论文的学者，告诉我此事的是一位在伦敦大学教书的美国人，口气颇为轻薄，但我却认为杨先生在这件事上是为祖国争了光荣的。当然，也要有胆量这样做（我就没有这种胆量）。

和Skinner及斯波整整泡了两天，斯波开他的车子，让我们在大阪、京都各地到处玩。现在我才充分知道，去年上海会议不请Skinner是一种大大的失策。我们请了明明不会来的人，Skinner原来想来，却不请。原来请的人，对我们不会有多大帮助，而Skinner是愿意热心帮助的人，却抛弃他。否则的话，对复旦历史地理所和地理研究所，都是一件颇为值得的事。

斯波曾驱车到他府上，请Skinner和我吃了饭。那个晚上颇有意思，只怪Skinner的好奇心，要他们撤去原来准备的桌椅，而到榻榻米上吃饭。一顿饭从六点吃到八点半，这样坐法实在受不了，我只好常常站起来，并和Skinner耳语开玩笑："Stand at rest." 后来他也学我的做法，但他人长，站起来要撞着挂灯。到最后分手前站起来，我真像玉堂春经过三堂会审一样了。三个人说得甚有趣，有时简直忘记了是三个不同国籍的人了。斯波夫人率领她的三位千金在厨房里大干，但仍时常出来跪在榻榻米边上同我们进餐。年纪可能也近五十了，但漂亮大方，说得一口好英语。

我师访日的事，已和斯波大致说过，他表示欢迎，以后再设法。Skinner 昨日坐飞机走了，斯波过一礼拜还要请我到他家中作一次客，那时再就此事与他详商一下。

关西大学是一个有 200 多年历史、2 万多学生、1500 余教师的大学。校长告诉我，该校有不少外籍交流学者，但聘请外国学者替他们的大学院（即研究生院）讲课，我算是有史以来第一人。因此，接待我的规格很高，住在离校达 10 公里的这座高级旅馆里，一个礼拜去三天，反正把他们给的钱全部花光算数。

《地图》给他们看了，他们都很关心，另外，过去的那八本，他们也有了。好几位都提出这样的问题："图上为什么不写谭其骧的名氏？"我同他们说明了"四人帮"时代的情况，并且给他们看了新出的，他们才搞清楚。

匆此，敬祝

康健！

晚：桥驿　敬上

〔1983.〕9.8 晚

1983年10月5日

季龙我师：

在大阪时曾寄上一信，想已收到。我已于国庆节返国，因为兰州大学邀请去作一次讲学，并有敦煌之行（不用飞机，由他们用小车经河西走廊前往，所以有点意思，但往返要十天），所以不敢再在日逗留，因为再晚西北的气候要吃不消了。

这次在日本跑了十三个城市，访问了六七所大学，讲了几十个小时的学，也不免增长了一点见识。日本的确不错，其物质文明虽然较美国尚逊，但其社会安定和精神文明，则显然大大超过美国。我们提倡“五讲四美”，我不知道是自己发明的抑是有感于日本的现状而提出的，但无论如何，在这方面要达到日本的这种现状，恐怕并不容易。虽然我曾听好几位〔日本〕老年人与我谈起，说青年人太不懂礼貌，但假使与我们的青年人相比，竟又无从比起了。假使我去兰州经沪时能有时间，当趋府向您汇报。

吾师访日的事，我已面托斯波及另外几位，斯波决定设法，看他也颇有信心。他的主要顾虑是吾师的身体，我已经向他说明：绝不可虑。当然，时间不宜太长，以一个月或稍加几天为适宜（我已接受日本学术振兴会的邀请，于明年底到后年初去日作71天的研究工作。这类邀请对吾师并不相宜，一是时间太长，二是报酬每天18000〔日〕元，一个人用当然绰有余裕，两个人用就显得紧张）。短期邀请一是身体适宜，二是报酬较高，因为日本的制度与我们显然不同，有关这类学术邀请，最客气的也不可能为陪同人付钱。因此，陪同人的旅费和日常费用，都得从报酬中开销，报酬高的（像这次关西大学为我支付的），当然绝无问题；报酬较低的，费用就显得紧张了。此事，我对斯波等也已说清楚，他们当然会加以考虑。另外，关西大学与复旦大学是有合作关系的，明年三月，该校文学院长大庭脩教授将到复旦大学访问，此人学历史，研究中日关系史，英语说得甚好，与我谈得很投机，曾邀请我去他家里作客。明年到复旦时，我如有空，当邀他一起去看您。因为私立大学邀请外国学者，远比国立大学容易，国立大学（如大阪大学）必须报请文部省批准，但私立大学可以自己作主。而报酬也较国立大学高，故假使关西大学能邀请，当可胜大阪大学一筹也。

秋山十分热情，邀请我去名古屋玩了一天，还赶到大阪听我的讲学。他赠送吾师一套京都地图。因我的全部书籍都由海邮寄回，所以要一个月后才能运到。在日本看了几处出卖（编者注：“出卖”当为“卖”）中文书的书店，知道台湾出书之多，古书重印更是十分普遍。睁开眼睛多看看，我们在文化上的投资实在太少了，太落后了。

因刚返国，杂事一大堆，匆匆只写到这里。

敬祝

康健！

晚：桥驿　敬上

〔1983.〕10.5 晚

1986年10月3日

季龙我师：

节前手示敬悉。按您所说，节前就搬离衡山，以后我看总得再要求搞这样一间房子，诸如《肇域志》之类，您没有这样一间房子是不行的。当然，必须要有一个人陪同，让您一个人在里边摸来摸去，那当然是绝不妥当的。知道贵所又有人在搬弄是非，他们都是您的部下，对您来说，只好自认晦气。是哪些人，我大概也估计得到。外间(我在北京时)对我们历史地理学界也有一点议论，我们最好能见一次面，可以谈一些事情。可惜我外出一个多月，欠账到今尚未还清，而新账又堆了不少。《大百科全书》原来要我十月份在上海看稿子，现在只好在家里看了。下个月或许有见面机会，到那时再谈吧。

大百科《人文地理卷》是由李旭旦先生主编的。他今年暑期在陶然亭定稿一个多月，弄得最后要灌氧气，颇为狼狈。他又十分客气，发稿之前，一定要我把全稿再看一遍。又是组织，又是个人，我只好承担下来。其实这部稿子也只有他对付得了，里面有些条目，如感应地理学、行为地理学等，我们国内根本未曾发展过。有一个大条(15000字)“人文地理学”是李旭旦先生自己写的，写得确实很好。但是条内也涉及历史地理学这个分支，隔行如隔山，就不免存在一些问题。例如说，历史地理学是历史学与地理学的边缘学科，他当然是参考了《辞海》的，这一点，我就以您这次上海会议的发言“销声匿迹”云云为根据，把它改成“以历史时期的自然地理和人文地理为主要研究对象”。还有一段颇关重要的是，条中说，英国的达比和美国的苏尔对历史地理学都有一定的贡献。对于这一段，我附的浮签说："按照历史地理学的理论创造和实际工作，我国的谭其骧与侯仁之，在这方面的贡献都已经超过达比和苏尔，因此，我意这一条不必提外国人名氏，因为在人文地理学各分支中，我国在历史地理学的研究中是超过国外的。"我把这一部分替他完全改写了一下，主要的问题是上面两个。我本来想把谭、侯二人的名氏写进去，但是后来一看，全卷都无活人（中国人）名氏，只好暂时不写。因为这不是历史地理学正条，无非是人文地理学条下的一段，也就算了。这里，我就想到，将来还有一个历史地理学的正条，好像是收在《中国地理》卷中的，在这个正条中，此二人务必写进去（因大百科规定可以写活人），并非为什么个人，主要是为了说明，在地理科学的各个分支中，唯独这一个分支（大概不会错吧），我们是超过外国的。

说到历史地理学在大百科中的条目，79年底《历史地理》第一次编委会在复旦举行时，郑景纯曾把此事交托给侯先生，一年后，郑又要我写信催他，但侯先生说，因为出国忙碌，竟把整个事都忘记了。这次我出国前在北京与他谈起此事，他说在上海开会时要和你们商量一下，不知到底是否已在进行。

《历史地理》的事颇令人烦恼，此次我在国外倒着实替这个刊物作了些宣传工作，外国人都很感兴趣，可惜我们内部却还有这许多麻烦的事。

三天节日假期，人来人往，竟无片刻闲暇。您当然更不必说了。

匆匆，敬祝

康健！

晚：桥驿　敬上

〔1986.〕10.3

1991年5月3日

季龙我师：

上月二十八日手示敬悉，欣知一切安泰。而天气日渐转暖，暑期以前的一段日子，必将更为舒畅些也。我师以为人过八十以后，不能以外表论寿考，固是哲理之言，但晚则更以为身弱延年甚至带病延年者，最后往往胜过体质强健者，从哲理上说，或许就是柔能克刚，亦老子所谓“吾舌尚存”之类。晚毕生见到事例极多，我师所稔者，则驾吾先生与亮夫先生二人其例最为典型。二老晚均于五十年代初期拜识，驾吾先生昂首挺胸，发音宏亮，体质称健；而亮夫先生从晚结识之日就是伛偻躬背。如今驾公归道山已数年，而亮老去年仍以伛偻之身度九十寿诞。由此推论，故晚以为七八年吾师之病，虽致不良于行，而实在却是因祸得福也。

承示学部委员开会种种，杭大前办此事，晚实未预闻，只是去冬校方正副校长二人到晚舍下打了一个招呼，并说此事用不着晚过问，已由他们派吕以春、毛必林二人（即年初造府者）负责。倒是最近省里通过此事，将通过评语铅印印入表格，而主办者图省事，将铅印表格及评语送晚自已校对，晚才略〔知〕一二也。

又有二事恳托：第一件，二十岁荣膺右派的张步天君（去冬在沪时曾由晚引导拜见我师），确实算是争气，由我师题签的《中国历史地理》，各方反映还算不错，最近又完成了四十万字的《中国历史文化地理》，而且湖南教育出版社已接受出版。此书编撰过程中，晚曾预闻，内容实已较陈正祥所著放宽并加深。书面还得请我师题签，敬请写：中国历史文化地理，并请签名加章。便中寄至晚处，俾晚随同晚为他所写序言，一并寄他。

第二件，此间有一位缪进鸿先生，解放初浙大毕业（工科），八十年代初政府“知识化”过程中，从浙大副教授调至省教委副主任，前几年换班，担任省人大文教委员会负责人，连续几年，从事“长江三角洲的人才研究”，进行了历史的和近代的大量统计工作，文章已在几处发表，内容相当全面。浙江、江苏二省已同意支持他明年举行一次国际学术讨论会。最近他拟至沪、宁访问几位名流。我师当然是缪本人及此间省方所企望的。因省里及缪的嘱托，晚已同意引荐，但对缪提出两项：第一，拜访我师，谈话以三四十分钟为限；第二，我师地址不得外传。近日他正在准备出访日程，日期决定后，晚当为他写一介绍信。此人有头脑，有抱负，此项研究当可望有成。

匆匆恕草。敬祝

康健！

晚：桥驿　敬上

91.5.3

《七都》六月或可见书。

1991年6月10日

夫子大人：

前一次手示及为张步天题字均早敬悉。以杂事纷繁，迟复乞宥。接您信后数天，缪进鸿君来舍，谈其拜访我师事，显得十分感激。我师同意作顾问，他更喜出望外。不过前天他来电话，说课题请我师推荐，尚未见复。我告诉他，想必我师事忙，但不久当能见复也。

今日上午，吕以春来，让我看了我师信，知道《长水集》不如《东南日报》。此事出乎意外。文章全是晚选入的。晚相信《长水集》而实未细读。现在只好叫他们恭抄一份，复制数份，附入存档的数册之中，普遍散发也没有这种可能了。地名志过去均是自己印刷发行，很少正式出版。在浙江，这一本算是第一种正式出版的。不过此后，大概都会送出版社正式出版了。……（编者注：此处有删节）。

上次我师手示中提到中学教师如钱穆、叶绍钧、吕叔湘诸公，如在今日，必仍此而终，顶多当一个优秀教师、人民代表之类。中学教师则当完了。老夫子此话肯定错了。您要知道，如钱、叶、吕诸公，都是硬头硬脑的人，他们如在中学，当“右派”的或然率比当优秀教师和人民代表的或然率大得不知多少，只怕他们还没有评上优秀或“选”上代表以前，右字号早已临头，然后晋升为“摘帽右派”。按他们的年纪，等不到“改正”，早已归了道山（他们之所以能活到大年纪，吕公尚且健在，即是因为没有右字临头之故）。现在晚说此话，当然只值一笑，但其实并非笑话也。

晚后日去西安答辩，杭州到西安有民航，史先生命，不能不遵也。

匆匆恕草。敬祝

康健！

晚：桥驿　敬上

91.6.10

1991年7月10日

季龙我师：

手示敬悉。暑热炎炎，加上大水，您却远征京兆，到了这样年事，真要万事保重了，却又吃药过头，实在令人焦心也。

这两天，晚在大华饭店搞《浙江古今地名词典》三校。因为字数近二百万，加上手民不甚合作，所以也很费事。省地名办不得不拿出三千元，包了宾馆，请几位主要作者分头校。晚只写了一篇前言和浙江省条，不过九牛一毛，但因为当了主编，去住几天也好，一则是这里又办职称评审，住在外面等于避出几天，二则也可让内人在伙食上少操点心。我师是此书顾问，而且是三位顾问中唯一到杭州替我们讲了一课的。此书估计十月可以出版。

欣知剑雄事已解决（他两月前曾致我一信，谈及此事尚未解决），此间锣鼓又已敲响。杭大这次省里核定正副高级职称499人（包括高工、主任医师、编审、会计师等等，名堂甚多），正教授名额，省里新给20名，退休14名，又像晚一类到年纪而尚不退者，本来均占名额，现在一律免占名额，全校又得25名，所以名额较多，但竞争甚烈。凡是评委，人人不得安宁，所以避开几天也好。

晚在西安住了四天，韩茂莉、吴宏岐二位，上下午各一人，只花一天时间，但因杭州到西安飞机，一周只有三班，所以不得不多住了两天。答辩委员会除晚去自外地，其余是李之勤、李健超、朱士光、曹女士四位，均请自就地，也可省点经费。史先生那天从医院请假出来，也在答辩室泡了一天。据他告诉我，这次倒是本校医生首先发现的，心跳降低到30余次，所以立刻送医院安装起搏器。他让我摸了一下，在右边锁骨稍下一点，硬邦邦，像一分硬币大小。据说从此以后，坐飞机就得另有一张证明，因为是金属，检查时要发出声音。不过，我看史先生气色还不错，只是人稍瘦了一点。

……（编者注：此处有删节）

缪进鸿君曾有电话，说您已寄回他所托之件，并给了他信，他十分感谢。人才研究，有时成为一种讽刺。昨日《钱江晚报》发表了一篇整版专文，谈到前几年杭大曾经一批人品德不端，一次开除二十余人，深得上峰表扬，还上了报。据说开除者之中，颇有飞黄腾达的；最富于讽刺意味的，其中物理系二人，已经成了富翁，到杭大专家楼长包了房间，居然大摆宴席，宴请当年处理此事的领导和全班同学；领导一个不敢去，但同学多数到场，欢庆一番，好不开心。现在毕业生分配，一般都是按籍贯回原来市县，到了市县，分配好坏，完全凭诸关系，根本不考虑成绩。又，此间学生兼职经商者不乏其人，所以贫富悬殊，高校有史以来所无，令人大开眼界也。地理系有一教师告诉我，说他班上有一黄岩学生，常常回家，反正往返均坐飞机，所以朝去夕来，十分方便。此学而兼商者也。奇闻之多，今日为最。

晚因居常不出，所知校事甚少，此番在宾馆，因《词典》作者多有杭大教师（包括李志庭），听到不少闻所未闻之事，真是国家将兴，必有祯祥。呜呼，盛矣哉！

匆匆恕草。敬祝

康健！

晚：桥驿　敬上

91.7.10

致王涌泉先生的信

说明：

原件由张翕然先生收藏（张翕然先生现为东北师范大学历史文化学院研究生），蒙提供扫描件，谨此致谢。编辑组文字整理。

王涌泉先生曾任水利部黄河水利委员会水利科学研究院教授级高级工程师。

1982年1月9日

涌泉同志：

手示及壶口照片敬悉，谢谢。知风尘仆仆，马不停蹄，甚为钦佩。我从西安返杭后，仅去南宁参加中国地理学会理事会议一次，此外未曾外出。神经性耳鸣迄未少愈，常常影响头脑，甚以为苦也。前日接复旦逸麟同志函，今日又接到他寄来〔您的〕大作《中国近五百年大水的初步研究》，拜读之下，佩服奚似。虽然由于外宾在场（外宾问题教育部尚未同意），大会发言控制甚紧，但我甚愿推荐老兄以此文作大会发言（编者注：指的是中国地理学会和复旦大学联合举办的“中国历史地理学术讨论会”，1982年9月1—5日在上海召开）。但事前须有一项谅解，即必须严格遵守规定的发言时间。另外，复旦寄我的审查表格中有一栏是“是否可与外宾进行交流（包括赠送）”。对于这栏，大作必须在两种情况下才能通过：第一，1981年洪水的各项数字，必须引公开发行的报刊（省报不算）作出脚注；第二，参考文献中不是公开出版的（要在国际书店可以买得到的）现代文献（古籍不在此例）一律删去。因为事关外事，实非得已。

匆此，并致

敬礼！

陈桥驿　拜启

82.1.9

致吴松弟先生的信

说明：

由吴松弟先生提供扫描件和影印件(照片)，编辑组文字整理。

吴松弟先生为复旦大学中国历史地理研究所教授。

1982年4月25日

说明：本组信件由吴松弟先生提供。2011年11月，时值陈桥驿先生九十华诞，在浙江大学举办庆祝活动之时，吴松弟先生时任复旦大学中国历史地理研究所所长，代表该所及个人亲临杭州，向陈先生表达祝贺，并面交会务组1982—1983年与陈先生通信5封(复印件)，主要涉及当时报考杭州大学历史地理硕士研究生的过程，可见当时招考研究生情况。本次《征集启事》发出后，吴松弟先生又连同其他信件再次提交。其中，1982年4月25日函为陈桥驿先生亲笔，其余4函由当时陈桥驿先生学术助手吕以春先生代笔；兹以陈先生亲笔书信时间为本组信函统称，为明了前后因果，同时附吕以春先生代笔4信。

吴松弟同学：

来信收悉。知你有志于学历史地理，我非常欢迎。本专业考试的三门专业课，实际是三门基础课，是今后进一步学习、研究“历史地理”所必备的，因此应普遍复习，没有什么重点，也暂时不要在历史地理上花时间。你前段时间复习花在历史地理方面，这对今后学习是有好处的，但作为备考来说，因为考试〔考〕不到“历史地理”科目，故复习应以此三门专业课为主。希抓紧复习并祝成功。

陈桥驿

82.3.6

吴松弟同志：

我刚从外地开会返杭，看到您的来信与论文。因为我的研究生去北京听课，我的助手适因家事请假，所以无人给您写回信。我不日又将去外地开会，匆匆复您一信。我因为事务甚忙，一直在外地开会，因此，招研究生的事情，从命题到阅卷以至录取，一直都是其他同志替我在（代）管，几次招生，我从来不曾过问（要过问也没有时间）。您的事，我一定嘱我的助手（他三五天内返杭）负责替您办好，请放心。您的论文，我粗粗读了一下，功力不错，我也留交我的助手处理。

匆复，并致

敬礼！

陈桥驿

〔1982.〕4.25

吴松弟同志：

五月十七日来信及论文三篇收到已多天了，因我校研究生录取工作最近才有些眉目，无法更早给你回信，让你焦急等待了。你中国通史考得很好，成绩为 86，可惜外语成绩较差，仅 46，没有达到录取的最低标准，因此这一次研考未能录取，希正确对待。其他各科考分按照规定由校研究生招办负责通知。

你的三篇论文，我粗略地看了，诚如你自己所说对历史地理确有多年爱好，并有一定基础，我希望不要因这次研考的挫折而影响对学业的继续深造和爱好。毕业分配后如条件许可要抓紧外语的学习，还可争取再考。

此复，并祝

进步！

陈桥驿

82.6.5

论文三篇随函寄还。

吴松弟同志：

6月15日来信收到，知道你能正确对待这次研究生考试的失利，我很欣慰。研究生录取人数很少，而考试的人很多，绝大多数都不能录取，希望你能继续从事历史地理方面的学习和研究。至于明年我是否还招研究生，现虽不能肯定，但今年已招收了，明年招的可能性是不大的。

你的几篇论文及我的信在6月上旬知你不能录取后即用印挂寄还，你如没有收到可向学校收发室查一查。你通史考得很好，但外语较差，未能达最低录取标准。正如你自己所总结的，今后将在外语、地理方面加紧进修就一定可以达到目的。至于成绩的名次，这是研究生招办掌握的，我也无法了解，而且研招办对未录取的同志也未必会排出名次的。

此复，顺祝

进步！

陈桥驿

〔1982.〕6.21

吴松弟同志：

欣悉你考取复旦邹逸麟教授历史地理研究生，我非常高兴，并向你祝贺。复旦大学历史地理研究所成立时间久，规模大，条件好，我相信在邹先生指导下你一定会充分利用这些有利因素，把自己培养成一位热爱社会主义祖国，有真材实学的历史地理科研工作者。邹逸麟先生是我的好友，他年富力强，对历史地理造诣很深，跟他从事学习和研究，一定可以收到事半功倍之效。我预祝你取得丰硕的成就。

此复，并祝

进步！

陈桥驿

83 年国庆节

我九月初赴日讲学，至国庆节才回祖国，耽搁了你的来信，希谅。

2001年1月4日

松弟学棣：

首先祝贺你荣膺正高，这虽然是你才所应得、学所应得的，但在学术阶梯上毕竟是登其脊岭，今后更可以俯瞰周边、得心应手，所以还是值得祝贺。

谢谢寄赠的巨构，此书在时代上是一个研究中的困难时代，而你择难而攻的精神就令人佩服。最近因季羡林先生嘱写一篇稿子尚未完成，工作稍忙，俟略暇当再拜读。

我已79，由于不能退休，还是忙得捉襟见肘。去年一年中离杭外出14次，四校合并后，他们重视学术的总结工作，年底派人到家中调查研究“成果”，查清去年出书5种，发表论文25篇。他们为我“吹”一番，我实在苦难自知。25篇中（其实他们是中旬来查的，下旬又增了2篇）为他人作序几有一半，而其余文章又都是约稿，竟无一篇出于自发，实在遗憾，不禁想到“为他人作嫁衣裳”的诗了。

五本书中，年边新出的《郦学札记》可能有点意思，但只到了样书，整包自购的尚未到，俟到后即请你指正。你在英国时，我曾请阙维民带上《水经注校释》六册，均签了名的，其中一册是你，大概总可收到。因为向复旦诸友赠书，一次要六册，此间寄书的邮局在一里多路以外（邮筒近在咫尺，但只能寄平信），希望能托便带上。又去年所出《吴越文化论丛》，虽是名牌出版社（中华书局）所出，但内容是我的论文集，恐怕见笑，所以未向复旦寄，但在北京却一售而空，你如需要，可单独寄你……（编者注：此处有删节）

明日又要去上虞，每次都是他们车到门口我常常感到有点“被挟而去”（包括内人）的感觉，一笑。

祝

阖家新年好！

桥驿

2001.1.4 晨

阙正高也已通过，顺告。

2001年3月4日

松弟学棣：

由于文债较多，书评写迟了，而且写得匆忙，今寄上，请修改。如认为可以通过，请交给修桂兄，或其他处置，由您做主。

去年在昆明听到的我们历史地理学界的一些令人叹息的现象，所以在最后议论了文风和文德的问题。这里，按文件规定，我是不必再教课的，但他们总希望我象征性地为研究生讲一二次。这次开学我讲过了，把尊著带去，念了《卷后记》中的这些话。对年轻人，要是存心规规矩矩吃这一碗饭的，《卷后记》的这些话对他们实在至关重要。

开学时曾要我外孙带去《郦学札记》到复旦，其中有您一册，或已收到。

三月中旬，我想到绍兴去住一段时期，做一点工作，因为这里干扰太多了。

匆此。祝

好！

桥驿

2001.3.4

2001年6月15日

松弟君:

谢谢您的来信和书。复旦出版社毕竟是个名牌大学出版社，确实不同凡响。我们夫妇因去绍兴出席一个首发式，在那里住了几天，迟复为歉。

事情是这样，我往年曾有一种《绍兴历史地理》稿子，香港绍兴同乡会长车越乔先生几次提出要为我出书。他是个热心人，高中出来恰逢解放，找不到工作，去香港书店当学徒，靠自己勤恳努力，50年代末就当了书店老板，现为科学仪器公司董事长，对家乡文化建树甚大，绍兴博物馆和绍兴大学都由他捐了巨款并具体策划。所以我要他写了有关此二者的两篇附录，并把他列入著者之名。绍兴市不知怎样获悉我要出这样的书，因书涉绍兴，坚持要在绍兴举行首发式。我开始不同意，后来恰逢我三十年代的老师(浙江名国文教师)的《蠡膏随笔》亦可在差不多时间出版(此书由他女儿、女婿注释，筹备已几年)，由于此书由我作序，所以我提出此书也有关越中文化，如要举行首发式，此书也要列入首发。绍兴市立刻同意，所以我们不得已去了绍兴。首发式由县委宣传部长主持，市长讲了话，好一番“热闹”。我实在不习惯这一套。现在将此二书寄您一览，在《蠡膏随笔》我的序言中，我确实斥责了一个“媚上”的无行文人。此人，谭师在世时几次与我谈起过，谭师曾把此人的书抛出窗外。

承您对我付之一炬的文物关心慰问，不胜感谢，其实这是这一代知识分子的共同厄运。“文革”开始时，为了替这些文物打掩护，当时保姆已被赶走，红卫兵勒令各家自动上交封资修书籍，我的两女儿(儿子还小)用箩筐抬了好几趟上交，其中包括清初原版《佩文韵府》，嘉庆(或道光)刊《资治通鉴》，以及其他不少字画。这种舍卒保车的方法，终于把一些明清文物(宋版只有一种)保了下来。但76年以后，虽然知识分子在恐怖感上如释重负，但社会治安却每况愈下，我们夫妇因常常外出，家中曾两度被盗窃闯入。其实窃贼并不懂得这些东西，但为了安全，又把这些东西放到我女儿家里(三楼，也比较干燥)，却不料邻居失火，殃及数家。我女儿是穿了拖鞋逃出的，当然全部遭殃。不过回头想想，这种损失，是这种世道发展的必然结果，不值得惋惜什么的。从49年到“文革”结束，文物损失与人命损失相比，实在还是小事。人命关天，也被视作草芥，则文物又何足惜也。

我的这点文物，因为全是祖传的，所以我决不会去出卖。把这些东西上交为公，这其实是国内外子女一致赞成的。只是因为看到当前这个世道，我在拙著《郦学札记》的《风格》一篇中已有所述。我们总还想等待“风格”高一些的时候，想不到就不必再操这个心了。所以这种损失其实并非我一人一家的损失，也就不必再想它了。承您关心，十分感谢，所以把事情经过略略告诉您一下。

匆匆恕草。并祝

撰祺！

桥驿

2001.6.15

2004年3月29日

松弟教授:

大函早悉，因杂事特忙，迟复为歉。

祝贺您从Harvard胜利归来，……（编者注：此处有删节），不但很有收获，并且必有体会。

《八旬纪念册》是香港、绍兴同乡和此间一些离校、在校的研究生们所作。他们来翻箱倒柜地搜罗照片（说笑话，有点像当年“文革”一样），我绝未顾问。不过，在一位研究生整理的卷首《简历》中，我作了对这本册子的唯一删改，把原来的“全国人大代表”和“浙江省政协常委”两条删去了。因为在当年，我并无当这些人物的意向，也未曾参加竞选，也不知是怎样当选的。“选上”以后，作为一位国会议员，我既无权力也无时间履行作为一位国会议员的任务。书呆子是不适宜当这种差使的。所以我不愿把这些事留在老死以前的册子上，请见谅。

最近又发生了一件事，我的一位好友在《中华读书报》发了一文，事前我不知道，但因此报流传甚广，外地朋友纷纷电话，说我做了“好事”。也有媒体期刊约我写稿，对媒体，我当然拒绝；对朋友，我只好复制原文，加上一个“角注”解释，这既非好事，我绝不敢当，恐怕您也看到了，所以也附给您一份。

我很忙，不退休是次要原因，主要原因是文债还不清。您想必更忙，但您正值盛年，而我已老牛破车了。一笑。

祝

好！

桥驿

2004.3.29

2006年1月17日

松弟教授：

谢谢您的贺年。

自从收到您的《港口—腹地》以后，我一直想捉笔，由于老伴的病（您想必知道），情绪不好，所以〔一〕直懒着，实在抱歉。好在我们是老朋友了，您总能谅解我的心情的。

这次您来信，使我高兴的是你们的这对双胞胎的佳音。Dartmouth是Lvy（编者注：“Lvy”即“常青藤联盟”）之一，事有凑巧的是，两个月前，我在加拿大念高中（高二）的孙子，也已接到了哈佛的录取通知（Lvy常用这种方式录取一批所谓高材生），今年念完高中后即可去哈佛。还有凑巧的是，不久前我刚刚发表了一篇迫不得已才写的文章，文内提及Lvy八校之名，所以寄上请您看看。

您的研究计划，我十分赞赏和崇敬。斯波（他虽退休，但仍在东洋文库）不就以这种研究获得著名成果吗？所以您的研究计划是必然能得到成功的。我因为不得退休，所以为了约稿（序）而整天爬格子（2005年发表了50万字，交稿了100万字，统统都是约稿）。今年因为写台湾的一个合同，恐怕也得百余万字不可。曾去香港讲学一次，最深刻的刺耳话是一位美国学者直言不讳地告诉我中国的“三个世界第一”（基尼指数，教育商品化，学术商品化）。到底事实是不是如此，我们上头列位大官想必心中有数。我这种书呆子式的人是无法置评的。

求您告诉我一件事。邹逸麟兄是我的挚友，我老伴得病，他曾写信安慰并指导我（因为他也有这个经历）。几个月前有来客与我谈及（我这里客人很多，记不起是谁了）：邹先生遇到了家庭的麻烦，两位女儿都得了医治不易的病。我听了这消息，很希望这是误传，但又不敢写信问他，心中都十分记挂，所以我求您告诉我实情。

我老伴住医院已三个月，病情比较稳定，过年预备接回来在家住几天。好在现在大家都有车子，往来方便。她 80 岁了（我 84），结婚正好六十年。从这样想，上帝已经厚赐于我了。你们这一家是很幸福的，您又很有成就，当前流行的“和谐”，放在你们家庭是完全相称的了。

匆复恕草，祝

全家新春好！

桥驿

2006.1.17

2006年2月10日

松弟教授：

谢谢您的来信。我与邹兄是挚友，但这类事却不好直〔接〕问他，现在欣知上苍保佑，使我十分快慰……（编者注：此处有删节）

春节时曾把老伴从医院接回，与大女儿、女婿、外孙一家，驱车去鄞州区（即前鄞县）乡下新建的一所别墅度过。她尚有简单的答话能力，加拿大和美国孩子的电话也能简单说一二句，但毕竟没有独立生活能力（上床、起床、上厕等），所以在鄞住了七天，返杭后，保姆也出来了，还是让她去住院了。您来信对我安慰备至，实在感谢不尽。我们到今年整整结婚60年，子女包括第三代都还不错，也应该感〔谢〕上帝之恩典了。

您有一个幸福的家庭，特别是当前我们这种世风和社会里，真是十分难得，孩子能进Lvy（编者注：“Lvy”即“常青藤联盟”），真是喜上加喜。据说当前Lvy八校中，华人子弟要占15%，所以美国也已注意了此事。因为美国毕竟是个民主、平等的社会，这样下去，半个世纪以后，说不定要出华人总统了。上世纪90年代以后，中国有些“先富族”，包括高官子弟，也有在国内考不上大学而留洋，当前的所谓“海归”之中，就颇不乏这类人。这类人在美国（或其他外国）吊儿浪当，很受人看不起。在国外当然混不下去，但凭借其国内势力而大摇大摆地“海归”（当然不是所有“海归”都如此），有的“海归”回来“投资”，其实此“资”实非外资，仍是其国内“先富族”的“资”，其中当然包括不义之财，令人叹息。所以我们二家的后辈能进入Lvy，都是靠的他们自己努力，也是我们值得庆幸的。

另邮寄上(印挂)拙撰《郦学札记》一册，此书好几年前出版，原是我的笔记，因香港《明报月刊》知道，索取稿件，所以先在该刊发表。后来被史念海先生看到，他要我寄他的《论丛》，尽管稿费相差不少，但史先生是我尊敬的前辈，当然从命，所以以后就在《论丛》发表。那年，上海书店组织“当代学人笔记丛书”，该店陆哨林先生专程到舍下求索，我经过考虑并与史先生商量后，向陆哨林提出条件，即卷首有一篇让他们感到“害怕”的《自序》。假使他们同意，则可由他们以“当代学人笔记丛书”出版。后来他们也做了考虑，也提出一个条件，要我把早年发表过的《我读水经注的经历》(初发于早被封杀的《书林》)，作为《附录》收入卷末(其实当时我的心态与撰写该文时完全不同了)，实在是为了冲淡《自序》的火气。我与史先生也商量了，史先生认为同意他们算了。值得感谢的是，史先生竟把这篇《自序》在他的《论丛》先发。以他当年在西安的地位，当然无人敢挑剔他。但正是由于这篇《自序》，此书要再版当然是不可能了。因我手头还有少量，所以寄上一册，请您指正。

我仍然较忙，匆匆恕草。并祝

全家好！

陈桥驿

2006.2.10

2006年3月21日

松弟教授：

又蒙赠大作，与前赠《港口—腹地》是姊妹作，自从地理大发现以来，这个逐渐发展成熟的课题，确实是个举世瞩目值得研究的世界公共课题。日本明治时代之建港，中国道光时代之建港，虽然经历不同，但促使各国现代化都是殊途同归。中国因河口地理环境所限，尚无如伦敦及汉堡之类深入内河之河港，但腹地深广则过之。所以这个课题实在大有裨于做学问也。

谢谢，并祝

撰祺！

陈桥驿

2006.3.21

致靳生禾先生的信

说明：

由靳生禾先生提供复印件（靳生禾先生整理后按照时间顺序装订，于2012年11月寄交陈桥驿先生），编辑组文字整理。

另，靳生禾先生2019年去世后，陈桥驿先生与靳生禾先生相关通信（计88封）和陈桥驿先生与寒声先生相关通信（计10封），由山西省文联刘涛先生等收集、整理，并拟由浙江古籍出版社出版，故本书仅选录陈先生与靳生禾先生通信5封。

靳生禾先生曾为山西大学黄土高原地理研究所教授，担任过中国地理学会历史地理专业委员会委员、中国古都学会理事、三晋文化研究会理事等。

1984年5月30日

生禾同志：

您好。上个月在复旦讲课时，连续接到您的信稿，因为大作来不及读完，而贵校马玉山同志已有信给您，所以未曾及时复信，甚歉。上月底返杭后，随即又到京出席人大，但大作我是带在身边的，会余稍暇，我已经拜读过两遍，觉得文章极佳，显示了您对此书所下的功夫，值得佩服。

大作内容分为两大部分，第一部分为《穆传》的历史背景和地理路线，这是地地道道的历史地理，而且论证亦甚有见地。第二部分则为对岑仲勉《“穆天子传”西征地理概测》一文的补充与纠谬，所纠各条亦均说理充分，考证严密。此两个部分都足以证明您对此书的功力。

尊稿既以《“穆传”若干地理问题考辨》为题，但内容有四分之三实为对岑文的辨正。尽管辨正内容确是地理问题，但这些地理问题毕竟由岑误而起，为此，尊稿如不拟作较大修改，则标题后亦宜加一副标题，庶几文题紧扣。但有一点我还要指出，岑先生是隋唐史大家，对中西交通史方面，由于他的语言学基础甚厚，颇收考证之功，但对于地理，他实在属于外行，因此，他的论证古代地理诸作，除了在历史和语言方面具有很大优势外，在地理方面则常有讹误，有时并且相当武断。因此，要评论他在地理上的讹误，颇有评不胜评之感。因此，历史地理学界对他的著作在这方面的错误（如《黄河变迁史》），颇有不愿置评之趋向。所以，尊作如纯以评岑文而立题，可能要减少历史地理学界的兴趣。所以，鄙意大作最好分成两篇，即第一部分关于穆传的历史背景与地理路线，可以充实内容，加以扩大，专撰一文，此文必甚精彩，获得学术界的重视。第二部分或许就以评岑为题，最好能另外再搜集一点资料，用以冲淡专门评岑的色彩，则可能收到更好的效果。

所见不周，仅供参考。

此致

敬礼！

陈桥驿

84.5.30

烦请转告田世英先生，各件均已收到，勿念。我因今日刚从北京出席人大返杭，还来不及写信，请他原谅。

又及

84.6.3

1984年6月18日

生禾同志：

您好。来信收到。您说得太客气了。因为在国内，历史地理的队伍还很小，希望能不断扩大这支队伍。从大稿中看出您对此道已很有素养，所以对您寄予厚望，算是相互切磋吧。山西文化悠久，历史地理可以研究的对象甚多，按照您的素养和在大稿中表现的功力，是必然可以有很大作为的。我们一定要把中国历史地理的研究深入和扩大，因为中间已有不少方面，我们已经落后于日本。外国人在中国历史地理的研究中超过中国人，对我们来说，实在是颇不光彩的。

承邀为贵刊写稿，我只能笼统答应您，但无法说什么时候。因为二月份在郑州时，郑大学报要稿，我答应后一时交不出，只好写信到上海复旦请邹逸麟同志去为我抽出一篇寄给《中华文史论丛》的稿子，结果该稿已经发排，无法抽出，后来只好抽时间为他们写了一篇。目前，我正在整理《水经注》碑目，以后或许可将此稿寄您。但因杂务甚多，不能预定时间，乞谅。

今日早上散步，遇见翁志鹏同志，已代您向他问好。

匆匆，并致

敬礼！

陈桥驿

84.6.18

1984年8月1日

生禾同志：

七月二十八日函敬悉，知道您同意承担新版本《水经注》中山西省河流的注释工作，不胜高兴，此事是我长期心愿，但何日能动手，心中殊无把握。您既然同意，则又是一大块困难解除了。您当然还可能要邀集几位志同道合的人合作共事，那是您的事了。在我的思想中，这一片已基本解决。希望我能一步步地克服困难，把这一套班子组织起来。

拙作贵刊能适用，谢谢。何期发表，请根据你们的方便。不过我检查草稿，在说到第一类水利之内漏掉一句，即在说到赵明诚《金石录》中缺乏有关水利的碑刻之下，请您替我代加一句："在清孙星衍的《寰宇碑访录》中，从周到后魏，共著录各种碑刻四百一十六种，其中也没有一种是涉及河川水利的。"

知道您在厦门之行后可能到杭州，甚好，我们迟早总会见面的。我本月九日去沪转包头参加中国大地图集编委会。顺告。

专复。并祝

暑祺！

陈桥驿

84.8.1

2008年12月26日

生禾吾兄：

收到大函，不胜感慰。年来，由于老伴病在医院，虽然我女儿女婿贤、勤，隔二三天晚上驱车前去看望，那边又雇了一位颇好保姆，但是我是又老朽又忙碌，晚上无力随从前去，为此心绪总感难安，忘了对许多老友写信。这次搬家，因为藏书万余册，全靠女、婿二人之力，但也让我精疲力尽。虽然浙大照顾，让我首先选择，女、婿尽力，两家在顶层隔壁，由于我的日常生活均由他们安排，总算勉安。虽然接政府文件（仅1994年全国搞过这样一次）不退休，浙大也仅让我每学期只对研究生讲二次课，但外来事务甚多，仍然捉襟见肘。

吾兄之恙，虽非要症，但万请珍摄。目疾主要在于养目，所以切忌多写多阅。此老年人常有事，所以也不必多虑。

家乡为我办此事，我实已婉谢年余，但结〔果〕还是按他们之意进行。那天开会，香港也来了多人，学校领导当然到会，只有我辞谢，让一辆宝马空车驶回。现在因房子已经建成，木已成舟，我不得已“配合”一下，真是无可奈何。特别〔是〕，除了附的《浙报》外，香港《文汇》、上海《新民》均已刊载，弄得日本与港台友人纷纷电话，使我既汗颜而又为难。

彼此好友，但都已有了年纪，我已86，兄当亦逾古稀，保重实为首要。但我今年出差已有十多次，虽每次对方都派医护，毕竟老朽，难以为继。今日下午，因绍兴一座大公园开幕，碑记是我撰文并书，不得不去。

寒声先生及晋地诸老友，便时请兄代候，甚感。附上拙稿，是对方快邮寄来《南方日报》，并电促发表意见而写的，请指正，也请老友们指正。

匆匆恕草。敬祝

康泰！

弟：桥驿　上

2008.12.26

2009年2月9日

寒声先生、生禾先生：

谢谢二位的赐示。我因刚搬了家，杂事尚未妥当，加上内人因病住院，情绪也不安定。而特别是，学校邮局竟与学校同时寒假，信件投发困难，所以迟复，而且把二位合在一信中，实在对不起，请原谅。

寄上拙作二种（也合在一起），请指正。《学风》文刚发表，《恐诺症》发表较早（均是约稿，我现在除了熟友约稿外，已不写文章），大陆上人多看不到，但港台二地友人已有数次电话，反映颇为强烈，故寄请二位指正。

去年中华书局曾为我出版二书，一为《水经注校证》，另一为《中国运河开发史》，但因周围人索需，我手头都已仅留一册，二书篇幅都较大、笨重，故《校证》虽已重印，但手头亦仅一册，故不寄了，乞谅。今年，台湾要为我出版专著二种，届时若方便，当寄奉。因我虽不退休，身边还有几位研究生，但我素不让他（她）们为我做这类私事，邮局距离又远，甚为不便。

近来因访客较多，故草草作书，也请见谅。我今年虚龄87岁了，因国家规定不退休，只好挺下去。

专此。敬祝

康泰！

陈桥驿　谨上

2009年元宵节下午

致裘士雄先生的信

说明：

由裘士雄先生提供原件，编辑组文字整理。

裘士雄先生曾任绍兴鲁迅纪念馆馆长。

1985年5月19日

裘士雄先生对此信有如下说明：

1985年5月19日致《绍兴》编委会的主编及编委同志。当时，中国建筑工业出版社计划出版一套“中国历史文化名城（第一批）丛书”，绍兴市委、市政府很重视，成立了以市政协主席王尊贤为编委会主任的编辑委员会，下设编辑办公室。信中谈及因车祸事故殉职的魏仲华任编委兼编办主任（我任副主任），同时聘请柯灵、陈从周、陈桥驿等三位绍兴籍专家、学者为顾问。该书于1986年10月由中国建筑工业出版社出版，是“中国历史文化名城（第一批）丛书”中第一本出版的著述，陈桥驿先生花费了许多心血。

《绍兴》编委会的主编及编委同志：

这次裘士雄等同志来杭，因我正参加国际学术会议，次日又适逢担任执行主席，没有很好接待，请原谅。

听到魏仲华同志为此书殉职的消息，使我十分沉痛。请转达我对魏仲华同志家属的吊唁，并希望编委会化悲痛为力量，努力提高此书质量，使魏仲华同志这一年多来奔走努力的辛劳，能够开出更美丽的花朵。

关于《绍兴》稿的情况，我的意见除上月在绍兴时所说的以外，下面再就总的问题说几点：

一、沿革部分，我已要吕以春同志在原稿上改动一次，因为原稿从文字到内容，都必须作不少更改。他的修改稿我已经看了，我觉得无论在科学性和文字的严密方面来说，都比原稿要好得多，让你们参考。

二、但第 1 页末到第 2 页始一小段，必须重写。传说当然应该写，但不能喧宾夺主。对于于越族的形成与发展，近年来民族学界已经有了很多研究成果，自从河姆渡遗址发现以来，即使过去认为科学的说法也已经有所改变，何况“越为禹后”的古老传说。这次宋史会议中，日本学者斯波义信送给我一册日本刚出版的《中国江南的稻作文化》，对此研究至为详尽。我们假使再把陈旧的传说作为唯一法宝，在国际上就要塌台，所以需要十分注意。

三、我愿意坦率地指出，全稿的修改工作量还相当大，吕以春同志修改的沿革部分就是一个例子。因此我认为编委会决定的交稿日期，很有考虑的必要。我们宁肯慢些，但质量第一。

四、凡是引用古书之处，都必须找原书一个字一个字地核对，并且加上卷次，否则决不能算数。单就这一项，工作量就不小，有的古书，绍兴恐怕还找不到。

五、凡是用引号的话，除了个别名词术语外，都必须注明来源，决不能留下一组白头引号。

六、原稿引用古书，实在太随便，我不得不再次指出。这实在〔是〕由于魏同志变故而使我受到感动的，因为否则就对不起他。例如第79页“鉴湖剡川一曲”，《新唐书》卷十八《贺知章传》明明作“镜湖剡川一曲”，把“镜”随意（也可能是引用了某些冬烘先生的方志）改作“鉴”，这就推翻了三国吴谢承（见《会稽先贤传·贺氏条》）、明陈继儒（见《太平清话》卷二）、清李慈铭（见《越缦堂日记》同治七年四月初九日）过去的一切研究，而其实把宋代才出现的“鉴湖”移到唐代，会使中外学者都吃一惊。不明情况的学者，还以为作者有了什么新发现，或许会写信来问。所以引书用字，必须十分谨慎。

七、我把原稿另邮寄上。用红笔涂写过之处，是我上次提意见时涂的，你们看不清楚。原蓝色原子笔写的，是我这次加写的，可供你们参考。由于工作实在太忙，无法抽出时间，举一反三，务请你们自己注意。

匆此。并致

敬礼！

陈桥驿

1985.5.19

1988年6月5日

士雄同志：

信敬悉。照片收到，谢谢！

你在绍兴研究方面所获得的成绩，令人高兴。我曾经想到过多次，绍兴确实是个与众不同的地方，可以研究的东西太多了。从春秋于越文化开始，如东汉的陶瓷，东汉至三国的铜镜，从《越绝书》、《吴越春秋》到《陆放翁全集》，吴越的东府、南宋的陪都，近现代更不必说，对绍兴进行综合的和分类的研究，完全有条件建立一门称为“绍兴学”或“会稽学”的专门学问。全国数不出几个城市，可以建立这样的以地方命名的学问。

承询拙著《历史时期绍兴地区聚落的形成与发展》，发表于《地理学报》1980年第1期(35卷1期)，日本各大图书馆均有。《历史时期绍兴城市的形成与发展》一文，收在《顾颉刚先生纪念论文集》中，由巴蜀出版社出版，恐怕要到今年年底或明年才能出版。

匆复。并致

敬礼！

陈桥驿

1988.6.5

1997 年 7 月 25 日

士雄馆长：

信敬悉。

作为一个年逾古稀的绍兴人，我觉得没有理由可以拂逆您的雅意，我只好承担您吩咐的差使，尽管我确实很忙。后天去北京（我内人陪）是为了全国地方志评比，因此，这段期间一直在看几部预选合格的方志。否则，我早已返绍了。

你们这本书的选题确实绝佳，对提高家乡知名度大有好处。我们北京的会议 8 月初结束，我们 8.2 或 8.3（编者注："8.2 或 8.3" 即"8 月 2 日或 8 月 3 日"）返杭。在杭处理一些事，当到绍兴小住。那时我们再谈一下，我再动手（因为我想看一看篇目，便于有的放矢）。

匆复恕草。祝

好！

陈桥驿

1997.7.25

1998年3月7日

裘士雄先生对此信有如下说明：

1998年3月7日写给本人的信札，指正旧著关于绍兴来历的谬误。

士雄馆长：

我已匆匆返回杭州。由于录取研究生事甚急，临返来不及电话道别，乞谅。此番返绍半月，主要是为了（编者注：此处应为“因为”）在杭干扰太多，是到绍兴赶写一点东西的（上海书店出版社组织的《名人笔记丛书》）。承您鼎助，与方杰先生取得了联系，谢谢。由于到绍兴是为了赶工作，所以很少告诉朋友。返杭后，却接得徐道方先生电话（他不知我已到过绍兴），是为了承您支持（您已多次支持他了），墨润堂能在尊处设一专点。我想，这个代表绍兴近代文化进步的老字号，是应该支持的，作为一个绍籍人，我也应该感谢您。今日挂了一个电话给陈惟予先生（他正患感冒），他也很表赞同，并且称道您的远见。

承您多次寄赠各种成果，甚感。《鲁迅在绍兴》编得极好，但P2—P3《绍兴名称的由来》却有不少错误，旧传“绍祚中兴”之说，由于我们已在《三朝北盟会编》找到了当时改元的“红头文件”，所以旧说已经证明讹传。另外，改元在前，改越州为绍兴府在后，这一点是史书记载很明确的，你们也弄错了。还有，正式定都杭州在绍兴八年（1138），史书记载也十分明确。总之，此书第3页的第1段全部错误，以后再版请改正。改元的“红头文件”附上，供参考。

祝

好！

陈桥驿

1998.3.7 晚

附给徐道方先生一信，烦请打个电话请他到您处取一取，因我不知道他的通讯处。谢谢。又及。

（信上另附贴纸一张）

绍兴元年正月一日己亥朔大赦改元，赦曰：“……绍奕世之宏休，兴百年之丕绪。爰因正岁，肇易嘉名，发涣号于治朝，霈鸿恩于寰宇，其建炎五年可改为绍兴元年。”

——宋　徐梦莘：《三朝北盟会编》卷 144

致陈侃章先生的信

说明：

由陈侃章先生提供并整理（原载陈侃章著：《远去归来的昨天》，杭州：浙江人民出版社，2008年，第422—425页。本次征集启事发出后再次惠寄该著并说明）。

陈侃章先生曾任职于诸暨县志办公室。

1990 年 8 月 13 日

侃章君：

信收悉，大作读到，因我去岱山定《浙江古今地名词典》稿，返杭后又连续外事，迟复为歉。

你是有心人，功底又不错，所以每一个问题能够全面掌握而且作纵深研究，在现时学术界来说，确实难能可贵，好自为之，再接再厉，有厚望焉。

胡适是个了不起的人物，尽管在“郦学”为戴氏平反一事上没有成功，但他的整个学术是成功的，观其为学，胸襟磊落，是非分明，知错就改，毫不掩饰，这些都是他为学术界所树立的榜样。我有《评胡适手稿》一文，不久或将发表。

古越文化国际学术讨论会 20 日起在杭州花港饭店举行，有不少外国学者参加，我将出席此会。

匆此，并祝

夏祺！

陈桥驿

1990.8.13

1990年12月6日

侃章君：

昨日接到您电话后，虽然近来忙得不可开交，却甚为您的成就而高兴。刚才助手阙君到此，特地要他去借《〔新华〕文摘》。

昨晚睡在床上想到，您既以此文而入《〔新华〕文摘》，似乎还可再接再厉，写一续篇。因上篇既已点出，以胡适这样大文豪，居然后半生以此为专业，则此书想必十分重要，十分杰出。借此为由，您可再写《续访》，要我介绍海内外郦学研究情况，我想必可获得成功，我稍暇，当为您提供支援。

我今年除了自己的写作外，已为别人（包括日本、港、台）写序十二篇（另外还欠二篇），已出差十五次，马上就要去太原，真是寅吃卯粮，应付为难。一笑！

匆此　祝

好！

陈桥驿

1990.12.6

1992 年 1 月 10 日

侃章君：

昨日畅叙，言犹未尽。

今日果然收到《西施志》，浏览一过，确非凡品。

昨日说起酒文化序，绍兴市志办已复印此序，工作人员人手一份，据说要大家学习，写作必须如此踏实。其实我不过是举了几个长期传讹的例子而已。《青藤》文章因复制有多余，亦附上一份，据说此人是中央文化部的一位年轻人，是自己投稿的。

昨日送您的《评胡适手稿》，刊在《中华文史论丛》第 47 辑，1991 年 5 月出版（其实是 10 月见到的）。

匆匆写几笔，因为您嘱我书到写信。

祝

好！

陈桥驿

1992.1.10

致童银舫先生的信

说明：

由童银舫先生文字整理后寄给编辑组。

童银舫先生并附整理说明："陈桥驿先生（1923—2015）是中国著名的历史地理学家和方志学家。我因编写《慈溪县志》，与他相识。以后，但凡我有一点点的成绩，都会得到他的热情鼓励，并且他会尽可能地满足我们的要求。现整理陈桥驿先生1992年9月至2014年12月来信23通，按时间先后排列，每封信以日期编码，如19920902，即为1992年9月2日写作，个别标点作了修改，笔误处用〔　〕表示。无法辨认的用□□表示，谨此说明。"

童银舫先生在慈溪市史志办公室任职。

1992年9月2日

银舫先生：

谢谢您寄赠大著《慈溪古今书画家》，编次清晰，说明简练，不失为一种乡土佳作。您着眼于桑梓人物的整理传述，实在是一件功德不浅的好事。

尊处修志由于领导重视，而徐、周二公又擘划有方，同仁齐心努力，所以成绩斐然。我已选定尊处修志与日本广岛市修志作比较研究，为我的“中日方志比较研究”这个日方委托课题的首篇论文。由于近来住医院休息治疗，故进度甚慢。

匆复，并祝

撰祺！

陈桥驿

92.9.2

1993年5月15日

银舫先生：

大编及来信收到，您能孜孜从事地方志索引工作，甚为可贵。索引是一把读书和做学问的钥匙，至关重要，您做的工作，甚有作用，我很佩服。

知您已调动工作，但做的仍是文字工作，工作调动，不妨害于您今后在目录学、文献学上继续工作，希望您再接再厉，继续在这些方面有所贡献。

专复，并祝

编祺！

陈桥驿

93.5.15

1997年6月21日

银舫君：

大作收到，谢谢。写的是地方掌故，有存史价值，写得很好。

牧野先生的序写得很有意义：“每一个人都有自己的生活方式。”您的生活方式选择得有价值，但这是我的话，当官的、当大款的等等之流，或许就不是这样看法。我已经出版了四十多本书，发表了几百篇论文，但现在仍天天为此而忙。我有这样的看法，这是物以类聚，希望您继续按这样的方式生活下去。

祝

好！

陈桥驿

97.6.21

1997年7月19日

银舫君：

惠书敬悉，谢谢。书海浩瀚，商海亦浩瀚，但书香钱臭，中国人所素悉。勉之有厚望焉。

因即去北京评议全国方志，匆复为歉。

并祝

撰祺！

陈桥驿

97.7.19

我的话当然不能一概而论，眼下文化意识强的商人，也常慨助文化事业，此又当别论也。又及。

2000年1月19日

银舫君：

大作收到，谢谢。这次能在宁波见面，可惜没有机会谈谈。

您是一位勤奋用功的人。几年前，我曾为上海师大奚柳芳君的《奚柳芳史地论丛》写过一篇长序，他也是自学出身，你们的情况相似，都是这个时代中难得的人。

不过对于您的这本大作，我很有一点意见。写信是写不清楚的，以后有机会见面时再谈吧。

祝

撰祺！

陈桥驿

2000.1.19

2000年1月31日

银舫先生：

信敬悉。我说很有点意见，但决不是像您信上所说的程度。您努力写书、出书，很值得佩服，也应该理解您的辛勤。这一点，我有体会，我出书已逾五十种，去年出了五种，今年还要出四种（包括一种译著）。爬格子的营生，您我都理解，而且估计您比我更费劲。因为我的每一本书，都是人家来约去的，都要向我说好话，都得给稿费（不管多少），而您或许还得自己张罗出版，或许没有稿费，还得自己花钱。

正因为此，我们出一本书，总希望有一本书的社会效果，不仅是现时的社会效果，还希望有后世的社会效果。在这方面的“大势”，我因为比您虚长了颇多年（我今年78岁），又多次到外国教书，懂得几种外语，所以或许比您多懂了一点。我所说的“大势”，不仅指导我们写书，其实也指导我们做人。但这些事信上是讲不清楚的。其实，写文章也不一定写得清楚。今天刚收到《浙江学刊》2000年第1期，其中有我的一篇治学经历，是助手们帮我写的，我看也没有写清楚。以后有机会见面时再谈吧。

匆此，并祝

新年好！

陈桥驿

2000.1.31

2002年12月6日

银舫好友：

今日收到您的一部大书，谢谢！但是我明天一早偕内人去沪飞日本，是应邀去讲学的。今日，来客不绝，电话纷纷，对这个八十老头出国讲学，关心备至。我也是人情难却，不得不去。尊编俟返国后再拜读，因恐念，特草草写此一信，忙乱特甚，乞谅。

祝

撰祺！

陈桥驿

2002.12.6

2006年4月8日

银舫老友：

我去绍兴祭禹并主持鹿湖园(康熙驻跸地，当前绍兴最大园林)揭幕，匆匆周余，返杭接您信，欣知又返原岗，甚慰。

慈志上届修得不错，我曾撰文与广岛对比，当时慈溪城市与广岛城市，市容实在无法相比。现在据说你们的城市与当年已大不相同，再要对比时，也可比及城市了。因广岛大学知道我不退休，学校花名册上我仍是他们的“客座教授”。去年下半年有该校年轻教授过杭，曾来拜访我，原来完全不认识，但他们注重礼貌，这就不是我们可比的了。

慈志有您进驻，必然锦上添花。我已老迈，但忙得不可开交，奈何。

祝

好！

陈桥驿

2006.4.8

2009年2月15日

银舫兄：

屡蒙赠大作，甚感。兹寄上刚发表的《学风》(杭师大客气，拙文多被排在首篇，但都是他们坚邀而写出的。此学报现为省内第一，超过浙大甚多。我已十年不主动投稿，您或有所见，都是“硬邀”而作)。

您这些年甚有成就，浙东一杰也。我另有《恐诺症》一文，发表于去年《学术界》，手头无抽印，不能寄。大意是去年3.1(编者注：“3.1”即“3月1日”)南方日报刊全国政协委员意见：撤销中科院和工程院，并说各院各所各高校，全力投入争项目、经费，以此为主要任务及成绩，但所有“成就”，95%都是垃圾。刊物让我对此报坚要表态，我全同意(哈佛邱成桐早已提出中国应取消院士制度)。我因政府规定不退休，所以一切都看到。又有两家儿孙定居北美，所以一切都洞若观火，但绝不与人谈政治之事。

当年中华〔书局〕为我出了两本书，每本约80万字。一为《中国运河开发史》，又一为《水经注校证》。后者，去年首印八千，今年初又续印三千。这样的书，竟然也有市场，说明文化是不会消灭的。您也在为此而努力，二书太笨重，我手头又仅剩各一，不寄您了。今年，台湾的书局，又要为我出两部书，也都是大部头。到时如有书，再寄吧。

家乡绍兴市为我在文化街建了一座展览馆，此事我抵抗了一年多。去年，他们径与我在国外的子女们谈判，屋宇造起来了(市委下了文件)，我被迫就范，已有我的“成果”两车载去了，说是今年五月开馆，浙报、上海新民、香港文汇都登载了，故近二月来港台友人(都是教授)

多来电话，我实在无可奈何。由于《恐诺症》文早发，那边友人与我谈此文的电话也不少，可惜您不易读到。

记得几年前您寄涉及周、盛两家文章给我，我曾写信：“有很大意见，但只能面谈。”我曾有三个整学期在日本几所名大学作客座教授（研究生院，受嘱用英语讲课，但夫人每次随行，她熟娴日语），所以“只能面谈”的事很清楚，您平时看不看网，如看，情况大概就可清楚了。

因不退休，学校其实很少任务，但外面的事甚多。这封信虽草，但对我算是长信了。

祝

好！

陈桥驿

2009.2.15

2009年3月15日

银舫先生：

三月七日大函敬悉。但除此信外，除了您用“梦田书屋”信封寄的《上林》外（我很佩服，写了复信），其余没有收到过任何东西。我的拙作在你们的《〔慈溪〕史志》中刊登的事，也是王清毅先生挂电话告诉我的。他说会通知你们寄。但至今什么也没有收到，恐怕是经手人忘了。

《学风》是熟人硬索去的，去年还有《恐诺症》一文，也是硬索，我从来不写文章投稿（1980年以后），都是别人坚索。《恐诺症》（发表在去年《学术界》），大陆没有什么反应，但港台，特别是台方朋友，多次电话，那边很受震动，但我也莫名其妙。如您所说，“冰冻三尺，非一日之寒”。在“汉字文化圈”内，我们这一大片地区是麻木了。中华书局胆量大，我的《水经注校证》（也是他们上门坚邀的）卷首《序》上，说了上世纪五十年代起，我们曾面临一个“读书有罪”“读书人有罪”的时代，他们居然一字不易的照刊不误。不过，他们也确实硬，80万字的书，据我研究生校对，竟找不出一个错字。此书，前年底初版，印四千册，我以为多了，但不久前又再印了三千册，可惜我手头已仅一册，无法寄奉。

您的东西都很有价值，我都很喜欢读。所说关于周、盛二家事，正是您所说，在萧山我约略说的。我因1980年后多次在外国教书，在日本，教过整整三个学期（都是研究生院，日本称为“大学院”，而且受嘱用英语讲课）。周的事，我知道得清清楚楚。因为是我老乡，所以我从不在家乡说。内山完造是什么人，您恐怕不知道，这些事，只好面谈。不过关于周，据说眼下网上已经不少了。

祝

好！

桥驿

2009.3.15

2009年4月19日

银舫君：

谢谢您寄来的志刊和《上林》，“书香”在当前已逆潮流的事，但慈溪有你们这一批，特别是你，能够逆流而上，让我看得津津有味。

请原谅我利用这张纸写信。这张纸为我找了许多麻烦，事情酝酿了一年多，由于我一直不配合，后来由于我在国内的两家(特别是大女儿和大女婿同意了)，国外的两家(老三、老四，他们已经都在北美，一在加拿大，一在美国，都是资深教授了)也表示认可，于是绍兴市委发了“红头文件”，而且展馆(五楼五底)很快地在文化街造好了。我的著作、手稿，还有为他人写了序的书(也有百册左右)，他们都开车来载去了。更麻烦的是，这张纸是绍兴寄我的《浙报》(编者注：指《浙江日报》)，《浙报》没有多少人看到，而上海《新民晚报》、香港《文汇报》、台湾还有我在日本任过客座教授的几所大学的校刊也都刊载了，弄得我日夜接电话，待来客，真是啼笑皆非。

你们的志刊很好，上林更是别开生面，我等你们的第一期出来，一定很让我喜爱。

我们搬了家，房子很好，但电话号码不变，附上一张老名片，我因不退休，87岁了还带了研究生，当然只是他(她)们到我家中谈谈，我已经20年没有上班了。

因为昨天被他们接去了余杭，他们也要搞一套历史文化丛书(政府拨款 800 万，还算是不错的），一定要我这老头到一下，所以今天才写此信。匆匆悤草，并向老朋友们问好，希望“书香”不断飘来。

祝

好！

陈桥驿

2009.4.19

2009 年 6 月 11 日

银舫君：

信件敬悉，你们出这样的书，是个好主意，我很赞赏。只是老而又忙，明天就要为一位湖州市的研究生来接去住几天（其实是为他们弄一点东西），因为人们不放过我，又因为不退休（仍带着“名义上”的研究生，讲课很少），所以只好勉强做一点。您的需要，我同意，但时间要宽一点（我搬了新房子，但电话号码不变：0571－87964915，手上还有一只相同号码的手机，即使在外地，也收得到）。

另外奉告的是，绍兴市委下了文，要为我建一座“展览馆”（已建成），浙报去年就发了消息，香港文汇、上海新民晚报也都登了（台湾的报刊也登了）。许多人来电话，让我够受（我不赞成这种事），因为馆内有一处是专门展出除了我著作以外与我有关的东西（如有我作序的书，有选我文章的书之类，等等），你们如有此兴趣，东西可寄：312000，绍兴市人民路绍兴市城建档案馆，屠剑虹馆长。她是教授，是主管此事的。七八月份要开馆，但是我咬定不参加，浙报报道的那次会，我也是拒绝，让他们空车回去的。

祝

好！

桥驿

2009.6.11

2009年6月26日

银舫君：

由于杂事太多(都是被迫弄笔头的事)，您要的《序》，就这样草草塞责了。我不玩电脑，一直用手写，往往是对方打印了寄给我，让我看看有没有错字，其实我老眼昏花，手发抖，原稿上恐怕也有错漏，您不要有所顾虑，按您的意思修改好了，这正是我希望的。

由于绍兴市在文化街为我建了一座五楼五底的什么陈列馆，那天开会，香港来了不少人，杭州也去了不少人(杭州是他们来接的)，但我谢绝，那辆专门接我的"宝马"是空车回去的。只是既已造成事实，我的书(我约出了各种书七十多种)、原稿、信札、其他等，以后他们用两辆卡车装走了，也包括我为他人作序的书，约有百余种。但事情都由我女婿对付，我反正不管。所以尊书出版以后，如你们有兴趣参加陈列(专门有这类一室)，可寄一册去，书内写：赠陈桥驿陈列馆。不过馆尚在布置，据说要九月份才能开馆，所以如要寄书(包括过去我与尊处有关的)，请寄312000，绍兴市人民路城建档案馆屠剑虹馆长。她也是一位教授，市委宣传部责成她管此事。但假使你们没有这种兴趣，就不要寄。附上的报是《浙江日报》，他们放大了大批寄我的。香港《文汇报》、上海《新民晚报》等也都刊，前几天台湾朋友电话，那边也上了报，搞得我实在伤透脑筋。

匆匆恕草，祝

好，并向各位朋友问候

陈桥驿

2009.6.26

2009年7月25日

银舫君：

大函及打印稿收到，我不会用电脑，有劳你们，真不好意思，谢谢。

打印稿甚好，只是第1页第4行“除了有些熟友或早年学生著书说”一句，“著书”之下，漏了一个“立”字（复印稿上有“立”字），所以烦在此处加一个“立”为感。

敬祝

编祺！

陈桥驿

2009.7.25

2013年8月20日

银舫先生：

来信敬悉。知道周先生不幸罹疾，恭祝他早日康复。

尊处做了许多有实效的业绩。如《慈溪旧闻》一书就是很有存史价值的。我的不少早年研究生来看了，他(她)们都赞赏此书，甚至说出：这样的方志办才称得上算方志办。说明能做出这些实绩的方志办，实在不多。尊处称得上是翘楚了。

附上的卡片是日本学者的地址。我曾在日本三所名大学先后教过三个学期(是研究生院，即日本人所称的"大学院")，熟悉的学者不少，但他(她)们早都退休了。我是因为国家人事部1994年(仅此一年)的文件而不退休的，所以虽然整天在家，但来客与电话还是不少。寄上的这些日本人地址，都是后一辈现在在职的，因他们曾专程到我家与我讨论过学术问题，所以由我请他们写稿，或许不成问题。而且他们也了解中国，中国政府在文化上是很"节约"的，所以对稿费的要求不会在意。不过我怎样推荐，倒是一个问题。我是91(有人把我作19)老人，打字之类什么都不会，最好是你们打印好，让我在信末签个名寄发。还有此处要发挂号信，来回有2公里，重要的挂号信，我只能以出租车自己发出才放心。寄平信的邮箱，来回也有一华里多，但这是我家保姆可做的，我也走不动了。我也没有手机，只靠一只座机联系，□□一般都是自己上门来的，所以接待客人也很费精神。

匆复恕草，并祝

顺利！

陈桥驿

2013.8.20

2013年12月16日

银舫先生：

您好，承几次来信，谢谢！

承褒地理科学奖事，不敢当，由于是北京特派专人来颁奖的，那天浙大的场面确实不小，12.11（编者注：“12.11”即“12月11日”）杭州全市各报都刊载此事，但我的看法是：“小题大做”。

我曾在日本担任客座教授，教过三个学期的课，深知他们的性格，不太愿意随意撰写文章，所以我认为，你们的书，不管他们是否有人撰文（他们的性格是，存心要写一篇文章，也得花半年时间），按时出版好了，不必等他们的文章。因为很大可能是“白等”。请考虑。

祝

好！

陈桥驿

2013.12.16

向周先生和其他女士、先生问好。

绍兴市为我在联合国申遗成功的一条“古城老街”中兴建了一座“陈桥驿史料陈列馆”，陈列有关我的作品近二千件，参观者甚多。所以，尊处的《〔慈溪〕图志》以及凡我作序撰文的书，都可以送去陈列。参观者甚多，包括外国学者。馆长也是一位教授，请你们把书寄到：312000，绍兴市人民路城建档案馆屠剑虹教授。她就是此馆负责人。请勿错过这个让尊处书刊陈列的机会。又及。

致孙伟良先生的信

说明：

由孙伟良先生提供影印件（照片），编辑组文字整理。

孙伟良先生在绍兴从事文史研究。

1994年9月15日

伟良先生：

信敬悉。欣知您搜集全国城市地图，很有成绩。这其实也就是学习全国地理知识，是一件值得提倡的好事。绍兴是历史文化名城，国际有名，为此，您对绍兴乡土，也可作些学习。最近，《绍兴名人辞典》已经出版；不久，《绍兴百贤图赞》、《绍兴酒的故乡》（编者注：此处顿号按现行《标点符号用法》应删去）等书也都将出版，您也可读读，以增加对故乡的知识。

匆复。并祝

进步！

陈桥驿

1994.9.15

1998年12月1日

孙伟良君：

来信收到。知道您的抱负和已经做出的成绩，我非常高兴。我是绍兴人，家乡的任何一点好消息，总是会使我感到愉快的。您也不必以自己没有学历、职称等而气馁，绍兴像您这样中、青年有的是，例如胡世庆、胡阿寿诸君都是这样。坚持下去，一定能够达到您的愿望。

我很抱歉，您信上要求的事，我一件都无法做到，因为我实在忙得无法喘气。您的长信，我是在开会一整天的间隙中分几次读完的。胡阿寿有几次要想与胡世庆君来杭看我，最近又有一位高中女生，想到杭州看我，但我都没有时间，只好等我元旦以后或春节以后回绍兴时再说（我在绍兴有一套房子）。

您要我写字。由于此人我不喜欢，而且现在也没有时间，将来有时间，可写别人的字。

祝

好！

陈桥驿

1998.12.1

2001年6月16日

伟良君：

信件等收到。

我刚刚到过绍兴，你可能在电视或传媒中看到了。

你信中所说甚好。《羊山志》如有足够资料，当然可修。尊处齐贤镇也正在修镇志。我暑期返绍，或许有到齐贤机会。你要写的字等等，到那时再说，我实在忙得无法对付。

祝

好！

陈桥驿

2001.6.16

2004年9月27日

伟良乡友：

信件均悉。欣知正在从事村落文化普查，这是一件大好事，值得提倡。

你写的《潮灾记碑考录》很有价值。但碑文标点有两处还可商榷。第一处是“汐正微”，古人记潮汐，往往注意时辰，所以按你标点，意思并不错，但或以把上句“酉”字移到下句，作“酉汐正微”为好。第二处是碑文末尾，我意徐元也是“会首”之一，并非“刻石”者，故“俞继欲”下仍以用顿号为妥，到“徐元刻石”后才用句号。

供参考。祝

好！

陈桥驿

2004.9.27

2005 年 6 月 23 日

伟良君：

看到您来信，很为您高兴。这是您在学术上的功力获得社会的认可，说明您的辛勤耕耘和爱好，是能够获得社会回报的。至于到底干什么，或能否参加修志，需要研究一下。今年我已去过绍兴五次，可惜都未能见到。以后去时，想与有关方面联系一下。

两个多月以前，我曾接到史为乐电话，说《〔中国历史地名大〕辞典》快要出版，希望我同意我在卷首所写的《序》在别的期刊先行发表，我表示同意。但我不知他地址和电话（他早已从中国社科院历史所退休，家住西郊石景山区，但已忘了具体地址），所以现在无从与他联系。此书我记得原定在社科出版社出版的，如您知道史为乐地址，请告诉我。如您得到此书，请把卷首我的《序》复制给我，并请告诉我出版社之名、邮编、地址。谢谢。

祝

好！

陈桥驿

2005.6.23

2005 年 9 月 29 日

伟良君：

信件均悉。为你的发奋努力而称赞，也为你取得的成绩而鼓舞。昨天我在绍兴国际大酒店出席了城市国家湿地公园设计方案的评比会议。你或许已在报上见到这件事了。

你不要以没有上大学而自感不幸。大学根本没有什么了不起，我直到今天仍然反对大学的这种教学制度。上世纪 90 年代初，我为一位自学成才的学者的著作《奚柳芳史地论丛》写序（河南大学出版社出版），序中明明白白地说了我反对大学教学的话。所以你的学习方式实在是好的，值得提倡。我其实也是这样过来的。

《辞典》已收到，定价 430 元，现在的书实在太贵，而且动作慢，前后花了 20 多年。当然，内容是相当完善的。

匆复。祝

好！

陈桥驿

2005.9.29

2006年3月29日

伟良君：

来信及大作收悉。您能勤于研究乡土文献和写作，实为一难得之才。特别是当今潮流，您能逆流而上，坚持做学问，我很佩服，希坚持到底。

欣知新夏先生到绍祭禹。我是因为一个杭州市委王国平书记交下的课题，31日就到绍，1日要参加鹿湖园开园（因碑文由我所写），恐得急急返杭，无法与老友新夏兄相晤，实所遗憾。与新夏兄相比，我有不少弱点：第一，他身体比我好得多，而我在此已经是衰老的保护对象，连进学校、过马路，也都要研究生来接扶；第二，他早已离休，行动自由，而我至今在职（国家人事部文件），我的行动，学校管不着，但研究生们管得着，必须让他（她）们知道，他（她）们常力阻我外出。第三，我去年发表50万字，交稿100万字，今年仅仅与台湾一个合同，就有100余万字，必须赶出，文债和书债（我写字不好，但常常应接不暇）甚重。不能像新夏兄一样自由自在地随自己所好写文章。请您代我向他致歉致候。

我31日上午就到绍，寓何处不知，但1日开园典礼后，恐得急急返杭，因此间有许多事等着，而我内人生病住院，也是我的一件心事。

匆匆。祝

好！

陈桥驿

2006.3.29

2006年6月7日

伟良君：

先后两信都收到。我因为被迫参加从北京沿运河之行，又因加拿大的儿、媳、孙回国探亲，最近又连续去绍兴、萧山各一次，都是不可推卸之事，所以无法写你的复信。你工作甚有成绩，我很高兴。

我将于明日（8日）到绍，9日下午，讲《绍兴历史文化》，是由文物局高军局长到舍下布置的，所以甚近也无时间。恐你念，匆复恕草。

祝

好！

陈桥驿

2006.6.7

2007年1月25日

伟良乡友：

收到来信及各件。虽然我忙得几乎喘不过气来，但还是随即放下手边工作，给您写几句。您的事迹实在使我很感动，所以才这样做。我与来新夏先生的情况不同。他是一位自由人，早已离休，可以按他的兴趣做他自己要做的事。我则不同。我的正式“头衔”是“国务院终身教授”（此事我国仅1994年办过一次，由国家人事局发文，我手头有），当年，有名的高校和研究机构都上报了（由几位书记和正副校长讨论，在校内大家都不知道），但批准的很少，因为其中的条件之一“国际知名度”，许多国内名人都过不了，外语也过不了关，不能用外语直接在国外讲课与交往。现在我身边还是跟了一大群研究生和助手，我得安排他（她）们的工作，包括研究生毕业后的职业。省里还坚持要我承担大课题。大量课题费汇在浙大我名下。我当然不会去动用一分钱（《光明〔日报〕》最后的“三不主义”），现在省、校非要我担任《浙江省历史地图集》主编，大堆经费也到位了。我实在无力招架。寄您这《访谈录》，我不同意发表，实在也外加于我的。《光明〔日报〕》那篇，台湾一个出版社在网上放大，给我带来好多份（都分完了），目的当然是来催我的一部书稿的。所以我的处境是相当困难的。

我的书，主要是个人著作，绍兴市馆、县馆（馆的招牌就是我写的）、杭大（现在是浙大）馆，瓜分殆尽了。

《羊山志》当然要写，但我的观点得先从地史、地质写起。东湖鸟门山是中生代凝灰岩，早年我取来，在系里磨片，用偏光显微镜鉴定过的。绍兴大概是凝灰岩，但也有粗面岩等其他岩性。现在修志者，大多数人缺乏地质、地史和其他自然科学知识，连懂得测量学和地图学的人也很少，修不出一部真正可以作为资料信□的好志（五天前一个晚上，高德先生与我通话半小时，他管过全国方志，完全同意我的观点。他认为，一轮修志，我的“贡献”有三：①从国外引回孤本最多，②动植物的二名法，③索引）。但我实在没有时间和力量再顾及此事。分身无术，奈何。

您是很了不起的，有意志，有才华。另外有些事，您还可以和应该做，例如柯桥人罗家伦（曾任清华、中央大学校长，后任驻印度大使），当年仅仅是写的几首歌词，在我们的年代就人人能唱，人人爱唱，是个了不起的人物，你值得研究一下。

匆匆。祝

新年好！

桥驿

2007.1.25

2009年7月12日

伟良君：

谢谢您的来信和大作。您对羊山的研究已经深透了。我生平只到两次。第一次念五中附小三下级，当时政府对教育投入高，附小每级每学期都有一次乘乌篷船的远足，那时的一个中段级任教师(一二年级为低段，三四年级为中段，五六年级为高段)，月薪32银元，等于当前教授。不过我们只知远足“石佛寺”，还不知“羊山”之名。再一次是上世纪80年代后期，谢汉良先生编交通志，要我来作报告。我内人未去过，他用车让我们去了一次，提到羊山(是我提的)。您的文章真是写透了。但您说投绍兴县史志，我不知是否是第二轮县志，假使是，那此文虽佳，在志书内如何处理？

眼下世道，不仅是绍兴，到处都是做学问的人难找。您真是难得。在〔换〕煤气之余，真正地做学问。或许全国也难找。……(编者注：此处有删节)

我87岁了。由于不退休，事情很多。下个月日本“东洋文库”有好几位来专访。台湾三民书局也要来(他们今年要为我出两部书)，为熟友写序的任务又重，还有写碑，那要用毛笔、宣纸，更麻烦。

您与王海雷认识。她是我的研究生，也是一块做学问的料子。可惜这次身体出了事，我很抱歉、内疚。是不是那天专门跑到我处劳累了？

愿她恢复得快些。我连电话都不敢挂。我看她一定是那天奔波而致的。

匆匆。祝

好!

桥驿

2009.7.12

写信草，发信难，邮局远，研究生都回家了

致王守春先生的信

说明：

由王守春先生提供原件，编辑组文字整理。

王守春先生为中国科学院地理科学与资源研究所研究员。

1995年1月1日

守春我兄：

新年好。去年一年中，您的收获必然可观。希望您今年有更好的收成。

年内曾寄上拙著《郦道元评传》一册，不知有否收到？《魏书》对他只有三百多字的记载，《北史》有六百多字，但全抄《魏书》的三百多字在内。我写了二十万字，或许已经失之过多。不过，在此书中，我把多年来的一点谈史谈地（或读史读地）的体会全写进去了，主要是：（1）对秦始皇的看法（P4），（2）对"万里长城"的看法（P2又P4），（3）对赵武灵王和拓跋宏的看法（P4—P7），（4）对"二十四史"的看法（P66），（5）对有权势的大人物的看法（P74），（6）对于当官的人的是非善恶的看法（P107）等。上述这些页码，敬希您留意一下，同意或反对，都请您发表自己的观点。如能发表一点评论，实感荣幸。

您一定整年忙碌。我的颈椎已比较稳定，但杂事甚多，显得稍忙，虚度73，不胜愧惶。去年此间公布了一个经中央人事部批准的文件，宣布了学校不退休的八位教授（即此间人所云的"终身教授"）。可惜年纪明显老化，90多岁的二人，80多岁的数人，我也是古稀老人了，却是八位之中最年轻的一位。文件说是要这些人"继续从事研究著作"，按此，我可以不再教书（现在还在教几位研究生）。不过嘴巴闲着也无聊，教就教吧。

匆此

祝好！

桥驿

95元旦

致顾少峰先生的信

说明：

由顾少峰先生提供影印件(照片)，编辑组文字整理。

顾少峰先生曾经在绍兴日报社任职。

2003年2月25日

顾少峰先生：

大函敬悉。

你只抄了两句原文，使我颇难判断。

按我判断，此两句上必有述“特色”的其他文字。如有，则“皆有特色”不讹，而且不是“勉强可以”，是非“其”不可。

如确实如此，则“具”、“显”(编者注：此处顿号按现行《标点符号用法》应删去)俱不妥。

匆此。并祝

安好！

陈桥驿

2003年2月25日

致邱志荣先生的信

说明：

由邱志荣先生提供并文字整理。

邱志荣先生为绍兴市鉴湖研究会会长。

2003 年 10 月 9 日

志荣学棣：

昨日收到斗门傅天则老先生寄来挂号信，说他曾几次与我见面，又是校友，但我已记不起，如此高龄，当是第五中学毕业（绍中前身）。信中详叙斗门古事，并谈及您送去各件。因为是老前辈而如此关心桑梓文化，上午得信（系里送来的，地址不详，我已搁了数日了），我虽较忙，即于下午复他一信，他信甚长，我仅写了一纸，实在抱歉。他信中附了两篇文章，一篇是他写的《三江汤公祠楹联校正》，另一篇是朱非先生写的《斗门史说》。《校正》文中列举了徐文长那副名联的各种版本，包括您的《鉴水流长》中所载，而他则认为此联应作：

炼石补星辰，二月兴工当万历，缵禹之绪；

凿山镇河海，千年遗泽在三江，于汤有光。

（录自明万历《绍兴府志》）

因他信上甚望得我意见，我只好查了家中所藏《徐渭集》（中华书局 1983），此书第四册卷七，榜联项下收有此联：

凿山振河海，千年遗泽在三江，缵禹之绪；

炼石补星辰，两月新功当万历，于汤有光。

《徐渭集》也不一定可靠，但从对偶的切贴来说，“遗泽”之“遗”不作动词，当是二字构成的一个名词，如“遗产”、“遗迹”（编者注：此处顿号按现行《标点符号用法》应删去）之类，则“兴功”对不上“遗泽”，而“新功”则很切贴。当然，仅仅是我的意见而已。

今晨醒得太早，我只要不吃安眠药，就往往如此，七思八想，凑出劣诗一绝：

北起京畿南到甬，有赖漕渠血脉通；

溯古还须观越绝，越人自应得头功。

诗后附写几句：越绝书是战国作品，经东汉初人整理流传，此书所叙山阴故水道，实为南北大运河最早河段。际此绍兴古运河整治完成之时，溯昔抚今，特书数言志盛。

今天整天必然昏昏沉沉，趁早上时间写此一信，匆匆祝好，并问鹏儿好！

桥驿

2003.10.9

致寒声先生的信

说明：

由刘涛先生提供并文字整理。

寒声先生原名李经宽，编剧，曾任山西省剧协主任、山西省文化局副局长等职，曾主编学术丛刊《黄河文化论坛》等。

2004 年 5 月 19 日

寒声先生道席：

大函敬悉，两位耄耋老人通信，实在也算难得。承您关爱信任，要我担任贵刊顾问，愧不敢当也。由于往年靳生禾先生的介绍，加上我在晋地还有几位友好，所以对于您的情况，主要是在山西的声誉，素已知悉。但我的情况，您不一定了解，所以趁复信机会，互相通个声气也好。

说起来惭愧，我无非是个只念过半年大学的庸庸之辈。而且当年之所以断然离开大学，主要是为了不满意想望甚久的大学，进了大学，才知道大学原来如此（其实我后来也公开发表过文章，当年我所进的这所国立大学，师资实在不差）。现在，在当了五十多年大学老师（而且由于国家人事部给我的一纸文件，我这个位置还要占下去，到死才算退休）以后，我仍然坚持己见，对大学不满意。

很高兴您专出一辑“创建世界一流大学”的专刊。对于国外的大学，我也算是稍稍见过一点世面的。自从上世纪七十年代末以来，我曾经受聘到不少国外大学讲过课，足迹远到南美洲的巴西，我曾经担任过日本三所大学的客座教授，并在十多所大学讲过课，在北美，也曾在加拿大和美国的十多所大学讲过课，并且到了港台大学（需要说明的是，虽然多次外出，但未曾花过国家一分钱的外汇）。但尽管他们的大学有些优点，但我也仍难满意。讲我的理由，不是几句话说得清楚。所以我特地把那年我为一位自学成才的学者奚柳芳君所出的论文集写的一篇序言复制寄上，直到今天，我还是坚持我在该《序》中的观点。

我在大学执教，始于上世纪50年代，我虽然经历过几次所谓“教育革命”，并且有幸在这类“革命”中成为“革”的重点，但我大概属于死不悔悟一类。我感到，我们的大学，革来革去，不仅与国外有差距，或许还不及过去。《学术界》2004年第4期有一篇《中国人为什么不能得诺贝尔奖》的文章，文章中举了五位得此奖的外籍华人，杨振宁、李政道、丁肇中、李远哲、朱棣文。除了朱棣文是在美国出生长大，可以不论外，其余四位都是受的上世纪50年代以前的传统教育（有的是在台湾受的教育，但那年台湾中央研究院请我去讲学，我看了那边的大学甚至中学，仍与50年代以前基本一样）。当然我并不认为国外的大学教育与台湾的大学教学完全“合理”。按我的看法，仍有许多（指本科生教育）让我失望的东西，《学术界》2004年1月号有好几篇讨论大学的文章，其中有一篇《大学精神的失落与重塑》，与我的想法稍有相似，你不妨参阅一下。

其实，在国内，对于大学抱有我这种观点的人并不是没有，就说我附上的这篇拙《序》，据当年奚柳芳君告诉我，上海原来有一家颇有名的媒体想转载，但后来因媒体内部有人不同意（或许认为太“离经叛道”），所以没有转载。但是当年我还是接到好几封信和电话，表示同意我的意见。我写该《序》时，还只有69岁，一晃十几年过去了，这十几年中，因为一直在职（当然只教几个研究生），所以仍常常思考这个问题，我始终觉得：“大学”怎么办，是值得研究的。

所以我非常崇敬您出这样一期专辑，这是意义深远的。怎样的大学才算世界一流大学，英国的牛津、剑桥大家早已熟知，美国则有所谓“长春藤盟校”（LVY），哈佛、耶鲁、普林斯顿、哥伦比亚、布朗、Dartworth、麻省理工、斯坦福，在这方面，也颇有不同意见。由于我的两个儿子都在北美大学当教授，现在在电脑上又可以面对面（看到形象）讲话，有时也常常谈及这个问题。他们也是为了子女（即我的第三代的问题），也常有不同意见。所以您的这一期专辑，我希望您办得兼容并蓄，让大家有讨论的余地，能够起到改革我国（包括外国）大学教学的作用。

顺便附寄您两份复印件。一份是我的一位好友叶老师在《中华读书报》所发表的，我事前不知道，由于此报在高级知识界很流行，许多朋友（包括港台）挂电话给我，我才知道。我只好加了一个“角注”。有的在电话中告知，也有的电传给他们，我的“角注”实在是比较含蓄的。其实，叶老师称赞我的，算不上什么“好事”，与其表扬这类“好事”，还不若检讨和反省一下所以能发生这些“好事”的原因。因为您阅读甚广，唯恐您也看到了，所以也附上这个“角注”给您。另外一份是一位朋友发表在一种国际交流的刊物上的，在国内倒是不易看到这种印刷精美的刊物（《文化交流》）。据说刊物要他写此文，目的是因为眼下有不少人对“洋鬼子”盲目崇拜，唯唯诺诺，所以要写出我在国外的点滴逸事。其实，我看是起不了作用的。因为我到国外，都是他们邀请去讲学的。既不需引进“外资”，也不要他们的技术“援助”，我在国外是随时随地都昂着头走路的。

最后还是十分钦佩您办这种刊物，特别是出这样一期特辑的精神和举措，希望您获得成功！

这里，我虽然不退休，而且把“户口”挂在学院的地球科学系之中，但是除了几个研究生外，我与学校没有什么接触。浙江师范大学在金华，不在杭州。那里原来也有不少所熟悉的人，但与这里一样，所有熟人都早已退休，只剩下我这个八十多岁的老头了。所以您信上谈的事，我必须通过研究生才能查得到。

我还是很忙，还不完的文债。您在办这样一件大事，当然会比我更忙。

匆匆恕草，并祝

撰安！

弟：陈桥驿　顿首

2004.5.19

致王健飞先生的信

说明：

由王健飞先生提供影印件（照片），编辑组文字整理。

王健飞先生曾经在海盐县史志办公室任职，系《海盐县志》主编。

2004年6月28日

健飞先生：

信、稿均敬悉。

稿打印得很好，无讹。

但在字体上，有一个英文字要改动一下，即打印稿第2页，G.W.SKinner，英文字母中，大写的K与小写的k，确实没有多大区别，但此稿上SKinner，这个“K”字，与第一个“S”是同一号字体，一看就可以看出“S”与“K”都是用的同样的大写字体。请把“K”字用小写字体。

因事多，匆复恕草。并祝

编祺！

陈桥驿

2004 年 6 月 28 日

致汪志华先生的信

说明：

由汪志华先生提供复印件，编辑组文字整理。

汪志华先生系杭州市萧山区人民政府地方志办公室副主任。

2005 年 10 月 16 日

志华先生：

我从宁波返杭，读到来信及萧报。

《郦学札记》或许还可找到一册，如找到，当可赠您。但今天又要去绍兴，请您在三四天后挂电话 87964915，看我是否在家。而且由于寄书，要用挂号，此间离邮局有 1 公里（离邮箱仅 30 米），我的研究生又都外出搞课题，所以即使找到，也只能劳驾您来自取。我因兴趣所致，常常读郦，研究生为我整理了一份郦书目录，可惜现在已大都不能找到。你如有兴趣，可选择购到，但恐怕也很困难。

匆此。祝

好!

向沈迪云等诸同仁问好!

陈桥驿

2005.10.16

2007 年 1 月 21 日

志华同仁：

来信收到。佩服你的志向。但我实在忙得不可开交，85 岁了，因为做了一个读书人，竟至落到今天这又老又忙的境地，但是我于心无悔。

今日世道，唯钱为上(生产、经济、商业是应该和必须发展的，我在国外看得多了，但不能像今天中国这般)。我们希望有少数人立志做学问，但这少数人也很难觅。你能有此之志，真是难得，我心甚慰。我们并不需要人人做学问，但总得有少数人做学问。你立定志向，必获成功。

寄你的《史学史研究》，多次要派人来杭，我谢绝，最后才同意在杭找一位写。我找了颜君(因为他有才华，而且是熟人)，于是他们直接联系，根本不曾“访谈”。但当他们寄下校样时，我立刻表示不同意发表，急得此刊主编亲自来杭，我只好听之。学问之事几句话说不清楚，去年去家乡绍兴作了一次报告，居然招引了好几个人的立志(但不可能每人坚持到底)。但特别的例子是此间中文系退休的朱宏达教授夫人(一时叫不出她名氏)，她原是宁波中学老师。1962 年我去宁波作了一次报告，她从此立志做学问，成为当地著名莎氏专家，多次出国，现在每逢到我，都要侃侃而谈，提出此事。明年如萧山邀请，我倒是愿去一次，因为我与此地关系特殊。陈志富君刚退休，他也是受我影响做学问的，不久前曾来过(现已去了玉环)。

英语当然重要。我是靠背字典和看原版书(当时不允许汉语记音)学的，有些名片的精彩对话，我至今还背得出来。但环境也特别重要。我因 1980 年起就经常出国讲学(日本学校也要求我用英语讲)，所以在口语这一关上也通过了。否则，你可以与西人谈得很好，但他们自己人之间的谈话，你就听不懂。

昨晚北京高德先生与我通了很久电话，他也以方志界的许多人和事而感叹。但萧志是办得好的，所以我给沈迪云先生写过一封信。顺便向他问好。

忙。匆匆恕草。祝

好！

陈桥驿

2007.1.21

此刊(编者注：“此刊”指《史学史研究》)。此《〔陈桥驿教授〕访谈录》由期刊委托作者撰写，其间实未经过“访谈”，是由作者根据其他材料写成的。所以当我看到此刊寄来的校样时，我并不同意发表。但此刊主编竟从北京惠临杭州舍下劝说，我才不得已同意发表。但文内多所褒赞，实不敢当。

桥驿附记，2006.12

2008年1月17日

志华君：

谢谢您的来信并打印稿。

错误确实不少。我附上一勘误。因为缺乏时间，我可能还有漏勘的。

此稿打印时，估计英语是请您帮助的，因为错误如此多，但英文却不错（只错了 Imperial，漏了一个“l”）。否则，中文错得这样多，英文一定更错。但英文却很好，所以当是您帮助的。

改正的事，恐怕非您指点帮助不可。

您学英语的事，我确实赞赏。一定能够成功，只要不走错路。上次信中已经与您谈过了。

假使你们开会时我没有其他事，则可以相见，再详谈。

我请你们邀《光明日报》，为的是请这份名报写点报道，这对会议有好处。叶辉先生的地址是：310007，体育场路，《光明日报》记者站。

匆匆。祝

好！

陈桥驿

2008.1.17

我20日下午至22日在柳荫宾馆参加《苕溪运河志》评审会。此志有上百万字，是钟老厅长亲自送到我家的，坚邀，所以非去不可。顺告。

2008年5月15日

志华君：

信收悉。

二名法事，郑朝宗教授已到舍下来过。这些事，我们当然是义不容辞的。

欣知尊处要编印《印象萧山》，不胜高兴，必将成为方志界的佳刊也。

来信所托的另一件事，其中有一些难处，不便在信上写述，需要面谈或电话，才能说明一切。

我明日去湖州，要下周一才返，到那时再联系。

祝

编祺！

向沈迪云先生诸位问好！

陈桥驿

2008.5.15

2008年5月21日

志华君：

昨日承沈先生与您到来。中午我去女儿家吃饭时，在电脑上与我在美国的小儿子说了话(我们每次有话说都在这个时候，那边是晚上近11时)，因为他和Schoppa熟悉。我说明了尊处的事以后，他的回答是："不必多此一举了。"所以此事就作罢算了。当年，我们已经组织好翻译人员预备动手，但尊处不同意。但，过了年余，江苏就出来了。事后我曾面询过费黑先生，当时他已半个面孔被撞伤，是他告诉我，几位领导都是一个意见：沈定一是何许人物，谁担得起这个责任？中国的事很奇怪，大家都懂得我们不同外国，做事要"小心翼翼"，但同样一个"小心翼翼"，地区差异却也很不小。

今天又接到尊处挂邮，是那次国际会议的论文集。我对尊处能出《萧山丛书》确抱有希望，但我没有时间按来信处理。如果要收入，我同意，但事情要请您代劳了。

匆复。祝

好！

沈先生及其他诸位代候！

陈桥驿

2008.5.21

致曾俊伟先生的信

说明：

由任小玫女士提供影印件，编辑组文字整理。

曾俊伟先生为中国国际贸易促进委员会原中国法律服务（香港）有限公司执行董事兼副总经理、清华大学法学院兼职教授。

2007年8月9日

俊伟我兄：

谢谢您寄下的快件。但这里只有家边一个邮筒，我仍只好把信丢在邮筒里。

任小玫女士的文章实在是正中下怀（指“松绑”之怀），好极了，应该让真心想治徐学者开阔眼界。当前不少徐学界人士，还不知道徐学里还有 Toponomy 呢。回忆当年“东方红”以后，单单地名这个烂摊子，就不得不让国务院建立了一个地名委员会出来收拾，各省也都建此机构，浙江委员 12 人，其中 11 人均为厅局长，而我是作为一个“臭老九”凑数其中。北京曾世老与我熟，他也参与此事，几次催我写一篇关于 Toponomy 的文章，我不得不写了篇《论地名学及其发展》，被史念海先生要去发在他的《中国历史地理论丛》创刊号。当年顾颉刚老师尚健在，刊名是他题的字。因为这或许是地名学的第一篇文章，当时转载很多，但其实或许是“不知所云”。不过后来我整理郦书地名，有一篇《水经注地名汇编》(刊在拙著《二集》)，似乎统计郦书有地名 2 万，其中有渊源解释的有 2400，正可与任女士的“松绑”之作对比，所以我认为任文实在太好。

此外，要把郦学(编者注：按前后文意，应为“徐学”)推上国际，必须有一些能说洋话的人，在这方面，我看也只好期望任女士一辈了。

我记得曾写过一篇介绍美国李氏节译本。我写该文，一是由于徐学界多数人还不知道有此书，二是想借此鼓吹徐学界人士写点洋货到国外发表。其实那本书，译得并不好。我想任女士凭她的才华，应该可以搞个全译本，为徐学到外间扬扬名气。

由于明天又要去宁波了，匆匆写此一信，并向任女士问好。

祝

暑祺!

桥驿

于 2007.8.9

致任小玫女士的信

说明：

由任小玫女士提供影印件，编辑组文字整理。

任小玫女士为外语教学与研究出版社编审。

2007 年 9 月 30 日

小玫教授：

我们有这样的缘分相识，真要谢谢曾先生的眼力，当然今天也得谢谢您的信和大作。

抱歉的是，刚刚接到您的来件，催我去宁波的电话就响了，我得立刻去那里乡间一所 Villa 度这个长假，当然还带了二万字“爬格子”任务，所以对大作只匆匆读了一遍。您的研究才是真正的徐学研究。文章的结尾，您引及“炎黄文化研究会”和“文化自觉”的概念，使我感慨系之。“炎黄文化”此刻是一个敏感词汇，您或许比我更清楚，更理解。不过，我们生活在这个时代和这个地方，能看到、听到和经受到（在“经受到”

这一点您不如我，至少您没有〔被〕关过“牛棚”)，也算是一种幸运。

因为接我的车的喇叭已在叫了，匆匆搁笔，有机会再谈。

祝

好！

陈桥驿

2007.9.30

致莫艳梅女士的信

说明：

由莫艳梅女士提供影印件并文字整理。

莫艳梅女士对提供的两封信有如下说明：陈桥驿是《萧山市志》的顾问。2011年8月，莫艳梅将自己撰写的《萧山建县时间考》论文和《莫艳梅方志论文集》书稿寄给陈桥驿教授审阅。陈桥驿教授先后于2011年8月28日和9月初两次写信给莫艳梅，并且在8月30日、9月8日两次打电话给莫艳梅，提出他长期认为馀暨（萧山古名）是秦置县，馀暨是越音汉译，秦人入此地建会稽郡后，只改了原有的两个越语地名（大越改山阴，武原改海盐），包括郡名“会稽”在内，仍都保持原来的越语汉译。陈教授对莫艳梅的编研成果表示肯定，并以自己在美国、巴西讲学经历，鼓励莫艳梅多学习英语，希望方志界能受邀出国并用英语讲授的女士先生多一些。

莫艳梅女史为杭州市萧山区人民政府地方志办公室副研究员，四级调研员。

2011年8月28日

艳梅女士：

您好。几次到萧山，都未曾见过您。从名氏忖度，称“女士”，恐怕不会错吧，否则道歉。

是一篇大好文章。可惜因为近来得了个腰际（编者注：此处“际”当为“肌”）劳损的病，今天刚起来（医生甚佳），所以先涂几笔，大作前几天在床上已全拜读了。

由于国家人事部定我为“终身教授”，89岁了，来客与电话颇多，刚起床尤甚。所以此信只把我的“第一意见”奉告。

我长期认为“馀暨”是秦建县，不能相信《汉志》的话。“馀暨”，当然是越音汉译。秦人入此地建会稽郡后，只改了原有的两个越语地名（大越改山阴，武原改海盐），包括郡名“会稽”在内，仍都保持原来的越语汉译（“越”，《汉书》系统译“粤”）。以后再谈，恕草。

祝

编祺！

陈桥驿

2011.8.28

向各位朋友问候！

2011年9月

艳梅编审：

谢谢您寄赠的《方志论集》。欣知您是一位修志老专家，不胜钦羡。我已是一个九旬老朽，行将就火（“木”字当改）。1957年，浙江师院地理系有了第一届的三年生，部颁规定四年级有约7周的野外城市经济地理实习。我的基地在宁绍平原，于是要图书馆送来参考书，包括这区志书，而当时大学生已经不甚了了。我要教务处让我开一门“宁绍志书阅读”的选修课，但他们竟在表上写了“方志学”，当时我曾提抗议，他头头说，大学的课程以“学”字为好，所以将错就错，使我成为省内第一位讲授“方志学”者，因而首轮修志竟也把我拖入，而第一部稿本就是萧山。我堆在书房中，还是我当年的美国进修教师萧邦齐（R.Keith Schoppa）发现，他说：“倒退了半个世纪”（比民国《鄞县通志》，指的是索引事，因外国汉学家十分熟悉汉籍）。我才发现，立刻写信，却已经来不及了。此外，稍后，我注〔意〕到拉丁文二名法。当时因改革开放，我几乎每年由内人陪同，应邀在国外讲课，很少有时间看各地寄来志稿，不过记得上世纪80年代初，陕西省主持修志的省委书记陈元方先生请我吃饭（当时我为西安史念海先生研究生讲古地理学（Palaeogeography，不是历史地理学），陈在宴中力主志书应详记“文革”事，但后来从各地寄来志书中，对此我只对《洛阳市志》较感满意。其余或稍作应付，或即不记，我也谅解，国情如此也。

您的论文，我只能稍谈。我因国家人事部1994年文“不退休”（全国只有此年有此事，我算是刚刚碰上这“钉子”），所以每日来客来电话甚多，不胜其累，奈何而已。修志如此庞大，但到国外用英语讲我国修志，或许仅我在美国一大学讲过一次，在巴西一大学讲过一次（也都应我友好的国家方志办一位朋友之赐，我实在不谙内情，所以根本没有讲好）。

国外其实也都有方志一类的书，但没有领导，体例各不相同，唯写什么完全自由。

希望方志界能用英语讲授的女士先生多一些，必会受邀出去讲讲看看。

此信对我已算长信，仍如此草率，乞谅。

祝

撰安！

陈桥驿

2011.9〔初〕

致张步天先生的信

说明：

由张步天先生提供影印件，编辑组文字整理。

张步天先生为湖南城市学院教授。

2014年2月26日

步天老友：

您好。你的《水经注图》收到了，我已阅读，认为设计和绘制都很好，是值得正式出版的。这是《水经注》历来图中最有价值的一种。希望你在申请中获得成功。

祝

全家春节康泰！

陈桥驿

2014.2.26

2014 年 4 月 30 日

步天教授学棣：

因今朝君出差，尊著今日才由他送来。

我当然深感慰藉和铭谢。你能以如此精力，对郦书作出前无古人的成就，实在令人惊骇！此实为郦注地图的里程碑，当然功德不浅！

你对此所花的精力和物力，亦令我惊叹奚似。此中过程，实在使我难以设想。

尚在逐幅阅读，先草写此一信。

祝

好！

桥驿

2014.4.30

编后记

陈桥驿先生离开我们已经八年了。在陈先生逝世五周年之际，颜越虎和范今朝主持编辑了《陈桥驿学术论文选编》，于 2020 年 12 月 10 日（陈先生生日）举行了该书的首发式。

自那以后，我们就在考虑以什么方式与内容纪念陈先生百年诞辰，选编《陈桥驿书信选》《陈桥驿墨迹选》，编写《陈桥驿年谱》，等等，都曾经是我们选项。

2022 年 9 月 6 日，颜越虎专程到绍兴市文史研究馆，向冯建荣馆长汇报了我们的初步设想及相关情况，得到了冯建荣馆长高度肯定；随后，颜越虎又分别征求了绍兴市鉴湖研究会会长、中国水利学会水利史研究会副会长邱志荣，绍兴市城建档案馆原馆长、陈桥驿先生史料陈列馆馆长屠剑虹的意见、建议。我们最终决定先选编《陈桥驿书信选》。

2023 年 3 月 24 日，颜越虎、范今朝、徐建春、周复来就陈先生 100 周年诞辰纪念活动及《陈桥驿书信选》编辑工作等相关事宜，在杭州亚运会组委会大楼会议室进行了商讨。

我们认为，陈先生是我国著名的历史地理学家、《水经注》研究泰斗，绍兴当代杰出乡贤，浙江大学声望卓著的名教授，在其 100 周年诞辰之际，举行隆重而俭朴的纪念活动，无论是对进一步宣传陈先生的学术成就、学术思想、人格品德，还是对弘扬其治学精神、爱国爱乡精神、刚正不阿精神，以及推进绍兴地域文化建设、浙江大学校园文化建设等方面，都具有重要意义。纪念陈先生100周年诞辰既要有相关纪念活动，又要有扎实的重点“产品”,《陈桥驿书信选》就是这样一个重点“产品”。在召开陈桥驿先生100周年诞辰纪念会之际，同时举行《陈桥驿书信选》首发式，是相得益彰的方式。

我们还就《陈桥驿书信选》选编的具体要求与方式进行了商讨，认为可向陈先生的亲朋好友、学生及其他相关人员征集陈先生具有学术价值且可公开发布的书信，内容当涵盖历史地理研究、《水经注》研究、吴越文化研究、古都研究、地名研究、地图研究、方志学研究等方面，先在报纸杂志、网站及微信公众号等自媒体上发布征集启事，同时通过电话联系、微信联系、短信联系等方式，广泛征集陈先生的相关书信。

2023年4月11日,《〈陈桥驿书信选〉征集启事》在《绍兴日报》《柯桥日报》和其他相关网站及微信公众号等自媒体上发布，并陆续收到有关人士提供的信件，选编工作随之开始。

2023年5月18—19日，第二届吴越文化节在浙江省杭州市临安区举行，著名历史地理学家、复旦大学资深教授葛剑雄先生应邀出席并作主旨演讲，颜越虎也应邀参加这一活动。19日，颜越虎向葛先生汇报了《陈桥驿书信选》的选编情况，恳请葛先生协助提供陈先生致谭其骧先生的相关信件并为《陈桥驿书信选》作序，葛先生愉快地答应了颜越虎的请求，使得《陈桥驿书信选》增添了厚重的文化色彩与学术砝码。他不仅为该书的选编提供了高屋建瓴的指导意见，更是在审阅全部书稿的基础上，撰写了内容丰富、饱含深情的序言。这一序言，建立在他几十年来对陈先生充分了解、对每一封书信认真阅读的基础之上，序言中有些内容是葛先生所亲身经历，有些内容是他在书信中仔细爬梳钩沉而得。葛先生在序言中说：“陈先生治学行事的严谨态度于此可见。”而葛先生治学行事的严谨态度又何尝不是如此？通过《陈桥驿书信选》的选编，我们学到了很多很多可贵的东西。

在《陈桥驿书信选》即将付印之际，我们诚挚感谢提供陈先生相关信件的热心人士，感谢为《陈桥驿书信选》的选编提供指导、帮助的各界朋友，特别需要感谢的是葛剑雄先生，他慷慨提供陈先生与谭先生的宝贵通信，使我们得以窥见两位学术巨匠的交往细节；我们也由衷感谢陈先生的学生姜竺卿先生，他精心保存陈先生的来信，并在陈先生去世后，全部将原件无私提供给陈先生家属保存；王守春先生得悉我们在征集陈先生书信，立即将他存有的一封陈先生信件的原件邮寄过来，因地址不确被退回后，他又几经联系后重新寄来……这些深情厚意，都令我们深深感动。在此，我们对提供书信的诸多先生、女士，也对提供各种材料的各界人士，再次致以真诚的谢意！

陈先生生于浙江绍兴，在杭州大学地理系以及合并后的浙江大学地球科学学院从事教学科研，他长期担任中国地理学会历史地理专业委员会主任，还是国际地理学术组织的成员，著作等身，其学术交流和各界朋友遍及全国各地乃至海外。本书选编的只是他众多书信中的一部分，希望今后能有陈先生更多的书信与世人见面。

颜越虎　范今朝　徐建春　周复来

2023 年 10 月 10 日